Golf – ein Blick zurück

Portrait des Golf-Maniak, Andrew McKellar, der im Jahr 1813 starb. Er spielte in Bruntsfield bei Edinburgh und war davon so besessen, daß er seine Geschäfte vernachlässigte, den ganzen Tag und bei Dunkelheit im Licht einer Laterne spielte und seine Frau dazu brachte, ihm sein Essen auf den Platz zu bringen.

Knickerbocker-Anzug aus einer Anzeige für Golf-Bekleidung, 1875–1900.

Golf – ein Blick zurück

Illustrierte Geschichte des Königlichen Spiels

Ian T. Henderson & David I. Stirk

Jahr-Verlag

Originaltitel: The Compleat Golfer
*

Jahr-Verlag GmbH & Co.
Burchardstraße 14, 2000 Hamburg 1

* Die Abbildungen in diesem Buch sind „Golf in the Making“ und „Royal Blackheath“ entnommen, von Henderson & Stirk Ltd., veröffentlicht und aus „Fifty Years of America“ von H. B. Martin (Dodd, Mead & Company, New York 1936) sowie aus „Early Golf“ von Steven van Hengel aus dem Jahr 1983. Historischer Rückblick über Golf in Deutschland von Paul Turner.

Übersetzung von
C. A. Freiherr von Thüna
Redaktion:
Cecilie Spitzley, Gunther Marks
Umschlagentwurf:
Janine Weitenauer
Druck CW Niemeyer, Hameln
Printed in Germany

ISBN 3-570-04772-5

Inhalt

Skizze aus Lauthier's Treatise (Paris 1717) zur Illustration des „Jeu de Mail" (Pall Mall) siehe Seite 11.

Einführung

Dieses Buch ist in erster Linie eine bildliche Darstellung der Geschichte des Golf, als dessen Ursprungsland im allgemeinen Schottland gilt. Heute wissen wir, daß die Holländer wahrscheinlich die ersten waren, und zwar mit dem „Spel meten Kolven", das von 1296 bis zum Anfang des 18. Jahrhunderts gespielt wurde.

Dann kam es plötzlich aus der Mode, und ein anderes Spiel, „Het Kolven", eine Art Minigolf, das man auch in der Halle spielen konnte, nahm seinen Platz ein. Es gibt Aufzeichnungen darüber, daß Het Kolven in 40 holländischen Städten gespielt wurde; wobei es allerdings verboten war, auf der Straße zu spielen. Gegen Ende des 16. Jahrhunderts gaben holländische und flämische Künstler auf zahllosen Landschaftsbildern und Kacheln detaillierte Darstellungen des damaligen Lebens. Viele dieser Bilder sind ein deutlicher Beweis dafür, daß Golf zu dieser Zeit in Holland durchaus zum täglichen Leben gehörte.

Es gilt allgemein als erwiesen, daß die Normannen unter William I. im Jahr 1066 England eroberten. Weniger bekannt ist aber, daß am rechten Flügel seiner Armee Flamen unter dem Kommando des Herzogs von Boulogne standen. Einige dieser flämischen Gefolgsleute erhielten später ausgedehnte Ländereien in Schottland. Daraus entstanden dann im Lauf der Jahrhunderte die engen Bande zwischen Schottland und den Niederlanden, aus denen ein großer Teil des schottischen Adels abstammt. So haben die königlichen Familien Schottlands und Hollands das gleiche Blut in den Adern, und beide Länder haben noch heute das gleiche Wappentier, den aufgerichteten Löwen.

Von 1297 bis ungefähr 1700 hatten die Holländer ein Nationalspiel, das man eigentlich nur mit Golf bezeichnen kann. Darüber gibt es illustrierte Berichte, die in den Annalen der gesamten Sportgeschichte einen Sonderplatz einnehmen. Aber auch dieser Vorläufer des heutigen Golf verschwand um das Jahr 1700 wieder. Im Jahr 1457 wird Golf zum ersten Mal in einem schottischen Parlamentsbeschluß erwähnt. Das geschah dann in der Folgezeit noch häufig; eine bildliche Darstellung ist aber erst aus dem Jahr 1746 überliefert. Für die weitere Entwicklung des Spiels traf es sich gut, daß schottische Freimaurer dort anknüpften, wo die Holländer aufgehört hatten. So entstanden Mitte des 18. Jahrhunderts die ersten Clubs, in denen vor kulinarischen Genüssen zur körperlichen Ertüchtigung Golf gespielt wurde.

Die stürmische Entwicklung des Golf fällt mit den Verbesserungen in der Herstellung der Bälle zusammen. So verbilligte die Einführung des Gummi-Golfballes 1848 das Spiel ganz erheblich und machte es damit für weite Bevölkerungskreise erschwinglich. Vor diesem Zeitpunkt, als man noch mit dem „Feder-Ball" spielte (mit gepreßten Federn gefüllter Lederball), hatten die Golfschläger längliche hölzerne Köpfe. Der Spieler hatte vielleicht einen Schläger mit eisernem Kopf. Sie wurden deshalb kaum benutzt, weil der Federball beim Kontakt mit einem Eisenschläger leicht zerplatzte. Das aber war peinlich, weil ein solcher Ball damals etwa genauso teuer war wie ein Schläger. Erst mit dem Aufkommen des Gummiballes kamen die Eisenschläger vermehrt zum Einsatz; und es dauerte nicht lange, bis sie die Anzahl der Holzschläger in der Tasche des Spielers weit übertrafen. Gleichzeitig nahm die Zahl der Golfspieler zu. Trotz allem aber wurde Golf in Schottland erst in den 90er Jahren des vorigen Jahrhunderts zum wirklichen Nationalsport, und gleichzeitig verbreitete das Spiel sich in alle Welt, vor allem in die USA. Den Schotten gebührt also der Dank dafür, das Spiel über einen so langen Zeitraum erhalten und für die Nachwelt bewahrt zu haben. Durch sie wurde es in der ganzen Welt populär; und Tausende von Schotten verließen ihre Heimat, um das Spiel bis in die entferntesten Winkel der Erde zu tragen und es andere Menschen zu lehren.

Lesern, die sich weiter in die Geschichte des Golf vertiefen wollen, seien drei Bücher empfohlen. Zwei sind von Ian T. Henderson und David I. Stirk, nämlich „Golf in the Making" (1979), mit allen bis heute bekannten Tatsachen über die Anfänge der Schläger- und Ballherstellung, die Schläger selbst, Patente etc. und „Royal Blackheath" (1981), in dem geschildert wird, wie Freimaurer die ersten Golfclubs gründeten und wie der Royal Blackheath Golf Club selbst dazu beitrug, Golf in England und anderen Ländern der Erde bekannt zu machen. Das dritte ist „Early Golf" (1983) von Steven van Hengel, mit einer kompletten Dokumentation über die Geschichte des holländischen Golfs von den ersten Anfängen – ein wirklich erstklassiges Nachschlagewerk!

Wettspiel in Blackheath,
von F. Gilbert, 1869.

Die Ursprünge des Golf

Daß Golf ein altes Spiel ist, wird niemand bestreiten. Sein Ursprung aber und seine Verwandtschaft zu anderen Spielen, bei denen ein Ball mit einem Schläger geschlagen wird, sind nach wie vor im Dunkeln. Die Römer kannten ein Spiel „Paganica“, dessen Lederball mit Wolle gestopft war; und im England des 14. Jahrhunderts spielte man „Cambuca“, das im Prinzip ähnlich war, jedoch mit einem Holzball gespielt wurde. In beiden Fällen wissen wir aber nicht, wie die jeweiligen Schläger ausschauten.

Die Zeichnung auf dem bunten Glasmedaillon etwa um 1350 in einem Fenster der Kathedrale von Gloucester, das die Schlacht von Crecy darstellt, und der Araucania-Indianer-Junge aus Chile in Charles Darwins berühmter Reisebeschreibung „The Zoology of the Voyage of H.M.S. Beagle“, aus dem Jahr 1835, sind Abbildungen, deren Ähnlichkeit nur zufällig sein kann. Nichts zeigt an, welche Form von Spiel dargestellt werden sollte; und man kann nur daraus schließen, daß schon in einem sehr frühen Stadium unserer Geschichte das Schlagen eines Balles mit einem Stock in verschiedenen Gebieten der Erde eine beliebte Beschäftigung darstellte – wie immer man sie auch nennen mochte.

Pall Mall, oder Jeu de Mail, bei dem der Schlag nach vorliegenden Überlieferungen dem auf Seite 6 gezeigten Golfschlag sehr ähnelt. Das Spiel stammte aus Italien, wurde von den Franzosen übernommen und kam Anfang des 17. Jahrhunderts nach England. Der erste Spielplatz in London war die Pall Mall am St. James's Palace. Später wurde er in die Mall verlegt; und beide Namen erinnern bis auf den heutigen Tag an ihre ursprüngliche Bedeutung. Ein Paar Schläger und einen hölzernen Ball aus dem Haus No. 68 der Pall Mall kann man heute noch im British Museum bewundern. Dabei ist es nur schwer vorstellbar, wie dieses Spiel, Ursprung des Croquet, die Entwicklung des Golfs beeinflußt haben soll.

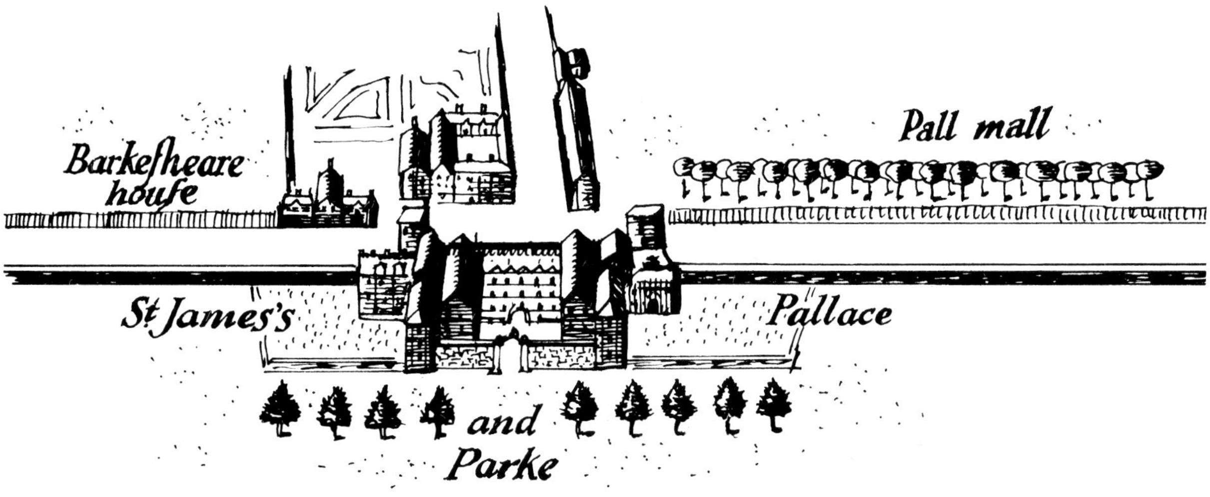

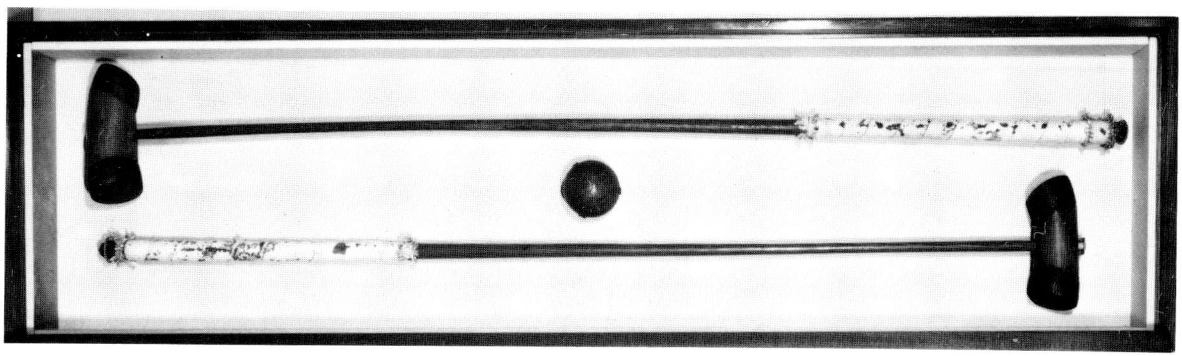

Golf in Holland

Die Spuren des Spiels führen zurück in das Jahr 1296 in das Dorf Loenen; und aus überlieferten Dokumenten geht hervor, daß Golf damals in mindestens 40 Orten gespielt wurde. Zahlreiche Erlasse verbannten das Spiel aus den Straßen; und die Stadtväter versuchten immer wieder, die Spieler in die Außenbezirke und auf die Stadtwälle zu verdrängen. Im Winter spielte man es auf dem Eis. Das „Long Game" nannte man damals „Spel meten Kolven".

Bilder aus dem 16. und 17. Jahrhundert sind in der Geschichte des Golfsports eine einmalige Dokumentation. Die wundervollen Landschaftsbilder der holländischen Meister jener Zeit zeigen, daß die Holländer bis in das frühe 18. Jahrhundert passionierte Golfer waren. Danach geriet das Spiel unerklärlicherweise in Vergessenheit. Auf vielen dieser Bilder kann man sowohl auf dem Eis als auch auf dem Land zahlreiche Menschen mit einem Schläger erkennen. Auch Kinder haben häufig kein Spielzeug, sondern einen Schläger in der Hand. Es sind insgesamt ungefähr 500 Bilder und zahllose Kacheln, auf denen Golf in der einen oder anderen Form dargestellt wird.

Bis jetzt hat man noch keine genaue Beschreibung des Spiels oder seiner Regeln aus der damaligen Zeit gefunden; erwiesen ist nur, daß der Ball in ein Loch und auf dem Eis gegen einen oftmals geschmückten Pfahl gespielt wurde.

Auf Seite 16 sehen Sie eiserne Schlägerköpfe aus dem Anfang des 17. Jahrhunderts und einen hölzernen Ball (ein heutiger Ball zum Vergleich daneben), die bei Ausgrabungen in Amsterdam gefunden wurden. Ein Holzschläger aus der damaligen Zeit konnte bis heute nicht gefunden werden. Lederbälle, mit Pferdehaaren, Wolle oder Federn gestopft, wurden damals allgemein benutzt, und ihre Herstellungsart ist auf vielen Bildern gut zu erkennen. Ähnliche Bälle wurden auch in großer Zahl für das Handtennis (Kaatsen) hergestellt, ein sehr altes Spiel, das bis heute überlebt hat. Die Ballproduzenten exportierten ihre Bälle nach ganz Kontinental-Europa und verschifften sie auch nach Schottland, das im Gegenzug Mitte des 17. Jahrhunderts Holzschläger nach Holland schickte. Die Ballproduktion ist bis auf den heutigen Tag erhalten.

Als das Spiel ausstarb und völlig von der Bildfläche verschwand, trat „Kolf", oder – wie es auch genannt wurde – „Het Kolven" an seine Stelle, ein nur für kurze Entfernungen konzipiertes Spiel, das auch vielfach in Hallen ausgeübt wurde, mit schwereren, steifen Schlägern und großen Bällen – so eine Art Mini-Golf. Auch dieses Spiel büßte eines Tages seine Popularität ein, obwohl es noch gespielt wurde, als die schottische Version des Golfs 1890 in Den Haag ihren Einzug hielt.

Eine der beiden Karten auf Seite 17 zeigt die Plätze, an denen Golf der Überlieferung nach schon vor dem Jahr 1700 gespielt wurde. Diese und andere Abbildungen aus der Zeit dokumentieren, daß Golf bei den Holländern schon eine Art Nationalsport war. Auf der anderen Karte sind die Plätze in Schottland angegeben, auf denen wahrscheinlich schon um 1650 Golf gespielt wurde. Es waren Küstenstreifen, an denen sich der Handel mit Holland abspielte. Darum ist es nicht verwunderlich, daß die ersten Plätze an der Westküste Schottlands nicht vor Mitte des 19. Jahrhunderts entstanden. Während Golf in Holland also sozusagen ein Nationalsport war, wurde es in Schottland nicht wirklich populär, weil es einfach zu teuer war. Erst der große Golf-Boom Ende des 19. Jahrhunderts brachte die Wende.

Die Holländer in den USA

Es wird berichtet, daß im März des Jahres 1657 in Fort Orange (das heutige Albany), New York, beim Magistrat der Stadt Anzeige gegen das Golfspiel in den Straßen und den dadurch verursachten Schaden erstattet wurde. Dem folgte 1659 eine Verfügung, die jegliches Golfspielen in den Straßen untersagte. Es ist ferner überliefert, daß es zwischen 1793 und 1799 in Charleston einen „Kolf Baan Club" gab.

Vor kurzem erst wurden aus dem Wrack eines 1656 bei den Shetland-Inseln gesunkenen holländischen Ost-Indien-Fahrers, der auf dem Weg nach Batavia war, fünf Golfschlägerköpfe geborgen. Das beweist, daß die Holländer ihr Spiel auch nach Übersee „mitnahmen". Die Tatsache, daß Golf 1657 in Fort Orange gespielt wurde, ist nicht außergewöhnlich. Es ist vielmehr anzunehmen, daß die Holländer auch in anderen, von ihnen kolonisierten Teilen Nordamerikas Golf gespielt haben.

Ein Spieler, der seinen Ball im Schnee aufgeteet hat.

Skizze aus einem flämischen Stundenbuch des Jahres 1501.

Darstellungen von Golfern in holländischen Landschaftsbildern aus dem 17. Jahrhundert.

Bruchstücke von Schlägern aus dem frühen 17. Jahrhundert und ein hölzerner Ball mit einem modernen Ball zum Vergleich.

Hölzerner Ball etwa um 1590.

Ein mit Leder überzogener Ball. Vergrößerung aus der Abbildung unten, ca. um 1612.

Ausschnitt aus dem Bild eines unbekannten flämischen Malers, vermutlich den ältesten Sohn Jakobs I. aus dem Jahr 1595 darstellend.

Golfspieler in Aktion und offenbar notwendige Erfrischungen. Nach Hendrick Averkamp.

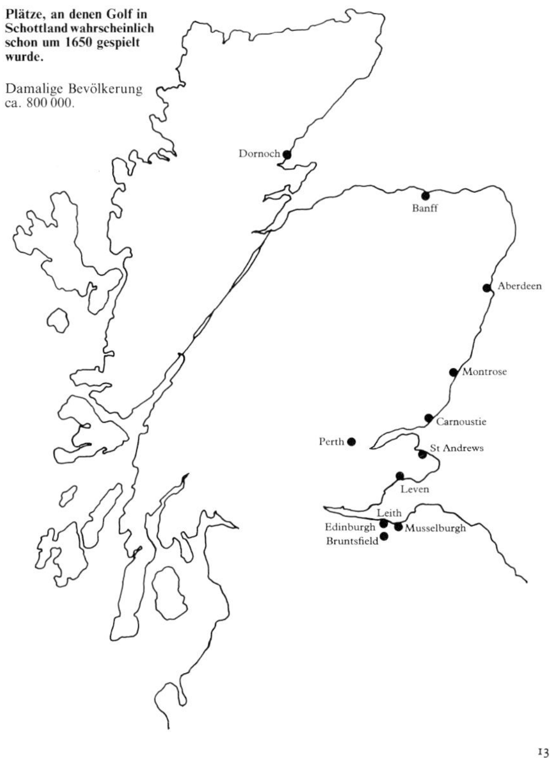

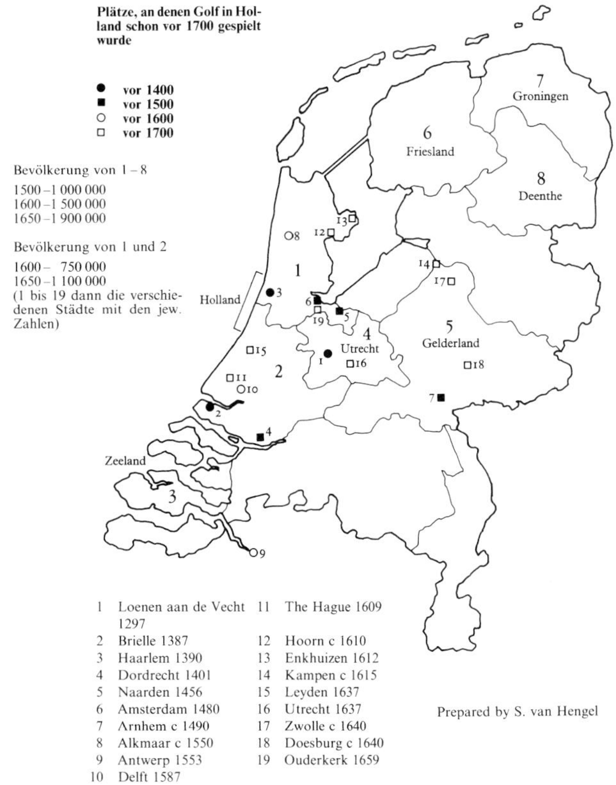

Plätze, an denen Golf in Schottland wahrscheinlich schon um 1650 gespielt wurde.

Plätze, an denen Golf in Holland schon vor 1700 gespielt wurde

Die Anfangsjahre

William St. Clair of Roslin, Großmeister der schottischen Freimaurerloge. Er legte 1767 in Leith den Grundstein zu dem Clubhaus der Company of Edinburgh Golfers, unter Mithilfe von 14 „würdigen Mitgliedern der Company“, die alle der Loge angehörten.

Bruntsfield, Edinburgh, im Hintergrund das Schloß und davor das Gasthaus der Golfer, das heute noch steht; ein Aquarell von Paul Sandby RA aus dem Jahr 1776, dessen Original im British Museum hängt. Das Schloß sieht man zwar nicht mehr, aber der Platz ist in seiner Anlage noch erhalten, so daß Besucher mit Nachbildungen der alten Schläger mit den langen Holzköpfen dort pitchen und putten können.

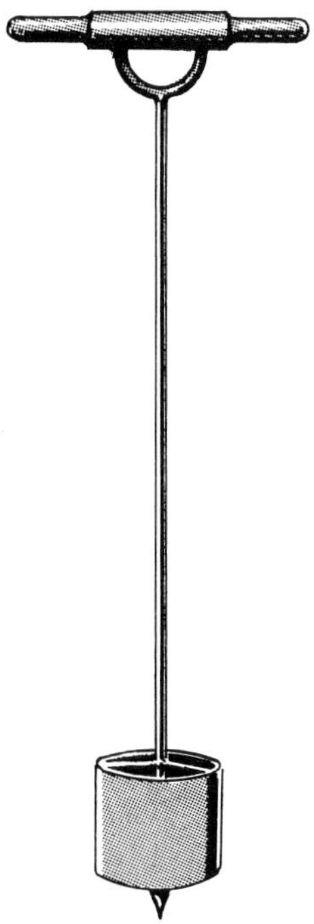

oben links: Old Alik, der im Royal Blackheath Club die Löcher steckte.

links: Der älteste existierende Lochschneider vom Royal Musselburgh Club aus dem Jahr 1829.

oben: Ein „Stymie" auf einem alten Druck aus Dublin.

Als es noch keine Grüns und Abschläge gab, setzte man den Ball ein bis zwei Schlägerlängen vom Loch entfernt auf einem kleinen Sandhäufchen auf. Den Sand kratzte man sich meistens aus dem zuletzt gespielten Loch heraus. Eine Photographie aus Edinburgh aus dem Jahr 1860.

Edward, Prinz von Wales, in Oxford im Jahr 1912, mit dem Fahrrad zum Golf fahrend.

Die obige Aufnahme zeigt eine Gruppe von Spielern und Pros in St. Andrews um 1860.

Karikatur aus „Punch" von 1890 mit der Unterschrift „Der Golf-Strom" – als Kommentar zu der wilden Golfbegeisterung jener Tage.

„Eingelocht!" – Louis Wain, Künstler der Viktorianischen Epoche, zeichnete Katzen als menschliche Wesen und karikiert dabei ebenfalls die Golfsucht seiner Zeit.

Der erste Golfclub Englands entstand in der Heide bei Blackheath in der Nähe von London. Die Abbildung zeigt das „Green Man Public House“, während langer Jahre Clubhaus des Royal Blackheath, das jedoch nicht mehr existiert.

Ein Wettspiel im Royal Blackheath im Jahr 1875.

Die hier gezeigte Goldmedaille ist die älteste in der Geschichte des Golfs. Sie wurde im Jahr 1792 für den Knuckle Club angefertigt, eine später aufgelöste Freimaurervereinigung, deren Mitglieder sich dann nur noch als Golfer treffen durften.

Noch eine der ganz frühen Goldmedaillen des Loretto House Golf Clubs, Musselburgh, aus dem Jahr 1854.

Ein Match von Professionals, 1890
im Royal Blackheath.

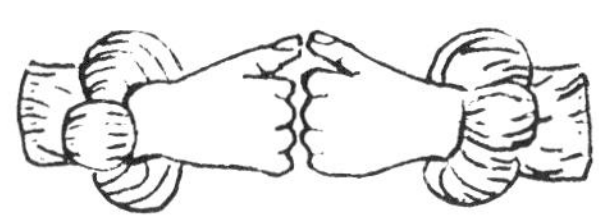

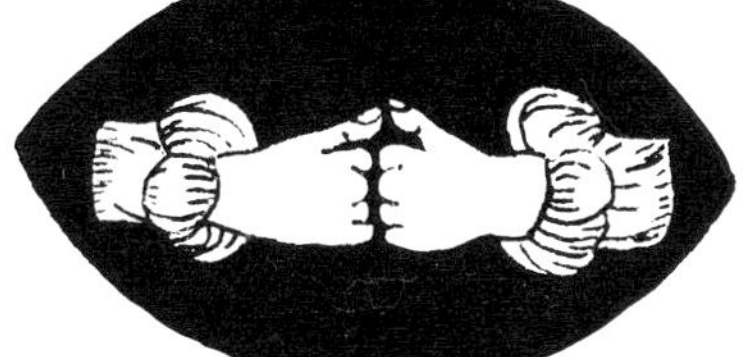

Skizze des Emblems auf der
Knuckle Club Medaille.

Die Geschichte des deutschen Golf

Wenn man die Geburtsstunde des Golf in Deutschland bestimmen will, muß man bis zum Jahr 1891 zurückgehen. Es war das Jahr, in dem der Schotte Hugh Kirkaldy, Bruder des berühmten Andra Kirkaldy, in St. Andrews die 31. Offene Meisterschaft gewann und sein Landsmann, J. E. Laidley, ebenfalls in St. Andrews Sieger in der siebenten Amateur-Meisterschaft wurde.

Golf wurde damals in Großbritannien immer populärer, war aber nach wie vor ein Zeitvertreib, der eigentlich nur wohlhabenden Leuten möglich war. Für Menschen, die in der glücklichen Lage waren, sich das Golf leisten zu können, gab es damals in Großbritannien genügend Golfplätze – was gegen Ende des 19. Jahrhunderts in Großbritannien aber fehlte, das waren erstklassige Kurorte.

Zu jener Zeit gab es in Deutschland noch keinen einzigen Golfplatz, dafür konnte das Land aber eine Anzahl exzellenter Kurorte vorweisen. Und zu diesen Kurorten pilgerte die englische Golfgesellschaft in jedem Jahr.

Diese Kurorte hatten einen sehr guten Ruf und boten ihren Gästen jede nur denkbare Erholung. Nur die Möglichkeiten zur körperlichen Betätigung waren an diesen sonst so beliebten Plätzen nach Meinung der englischen Besucher unzureichend. Abgesehen von einem Morgenspaziergang und gelegentlichen Kniebeugen gab es in sportlicher Hinsicht kaum etwas zu tun; und es dauerte daher nicht allzu lange, bis die Mitglieder der Londoner High Society die Angelegenheit selbst in die Hand nahmen. So wurde es bald zum gewohnten Anblick, daß diese eleganten Herren aus den Zügen in Bad Homburg ausstiegen und mit ihren Golftaschen voller Schläger und Bälle in den wunderschönen Kurpark eilten, um dort ihre Bälle zu schlagen.

Nach ganz kurzer Zeit wurde das Golf im Kurpark zu einer allgemein anerkannten Institution. Und bald entschloß sich General Duff von der englischen Garde, ein regelmäßiger Gast in Bad Homburg, im Kurpark einen richtigen Golfplatz zu bauen.

Die Existenz des Homburger Platzes sprach sich schnell herum, so daß bald jeder, der etwas auf sich hielt, Könige und Königinnen eingeschlossen, und der außerdem etwas für seine Gesundheit tun wollte, nach Bad Homburg fuhr, wo das Golf zu einem wichtigen Teil der Therapie wurde.

Allmählich kamen auch immer mehr Deutsche auf den Platz. Ihre Kenntnisse der Golf-Etikette ließen allerdings viel zu wünschen übrig, so daß gelegentliche Zusammenstöße zwischen den ernsthaften englischen Golfern und den Deutschen, die es mehr zum Spaß spielten, nicht ausbleiben konnten.

Die nächsten Golfplätze entstanden in zwei weiteren Kurorten, nämlich Baden-Baden und Wiesbaden. In Baden-Baden wurde der anglikanische Geistliche Reverend T. White zum spiritus rector und war daraufhin nicht nur für die Seelsorge der Stadt, sondern auch für ihren Golfsport zuständig.

So wurde Golf in Deutschland bekannt; und mit neuen Plätzen entstanden auch die ersten Golfclubs. Man schrieb das Jahr 1893, als Lady Margaret Scott den ersten von drei aufeinanderfolgenden Siegen in der Damenamateurmeisterschaft errang und einige in Wiesbaden lebende Engländer und Schotten den Wiesbadener Golfclub gründeten, dem bald auch Deutsche als Mitglieder beitraten.

Idee und Konzeption der Golfclubs sagten den Deutschen sehr zu, und so erfolgten 1895 Gründungen in Berlin-Westend und in Bremen. Als vierter kam dann 1899 der Club in Bad Homburg. Obwohl er also nicht der älteste war, wurde Bad Homburg doch der in aller Welt bekannteste deutsche Club. Seine Mitglieder waren stolz auf ihn, obwohl der Platz nur 1153 m lang war. Zehn Jahre nach seiner Gründung hatte der Club 2500 Mitglieder, womit er zu seiner Zeit einer der größten in der Welt war. Unter den 2500 Mitgliedern waren allerdings eine Menge Ausländer, die eben nur jedes Jahr zur Kur nach Bad Homburg kamen.

Anfang des 20. Jahrhunderts wurden in rascher Folge Golfplätze gegründet, so 1901 Baden-Baden und Wentorf-Reinbek und 1902 Kitzeberg bei Kiel. 1905 wurden Leipzig-Gaschwitz sowie Bremen-Vahr offiziell eröffnet, ein Jahr später gefolgt vom Hamburger Golfclub.

In all diesen Clubs wurde nach den Regeln des Royal and Ancient Golf Clubs von St. Andrews gespielt, wenn auch jeder Club darüber hinaus seine individuellen Platzregeln hatte. So besagte zum Beispiel eine Berliner Platzregel, daß der Spieler seinen im Boden eingebohrten Ball dann straflos herausnehmen durfte, wenn er einen Schläger darüberlegen konnte, ohne daß er den Ball berührte.

Bei Wettspielen war es in den norddeutschen Clubs allgemein üblich, die älteren Spieler zuerst abschlagen und die jüngeren sozusagen die Nachhut bilden zu lassen. In Bad Homburg bestimmte die gesellschaftliche Stellung des Spielers seine Startzeit, und in Baden-Baden spielten grundsätzlich die Besseren zuerst.

Das Jahr 1907 wurde zu einem Markstein in der Entwicklung des deutschen Golf. Am 26. Mai kamen Vertreter von sieben deutschen Clubs – Bremen Club zur Vahr, Berliner Golfclub, Hamburger Golfclub, Golfclub Gaschwitz, Golfclub Kitzeberg, Wentorf-Reinbek und Baden-Baden in Hamburg zusammen, um den Deutschen Golf Verband aus der Taufe zu heben.

Die treibende Kraft dabei war Johann Vincent Wentzel aus Kitzeberg; und er wurde daraufhin auch der erste Präsident des Verbandes, dessen Gründung mit einem großen Feuerwerk gefeiert wurde.

Golf wurde nun schnell immer populärer, und so reiften bald die Pläne für die erste Offene Deutsche Meisterschaft. Im Jahr 1911 sollte es dann soweit sein; doch plötzlich gab es unerwartete Probleme und großen Ärger.

Johann Vincent Wentzel hatte die Austragung der ersten deutschen Offenen einem von ihm sehr geschätzten neuen Club, Oberhof in Thüringen, zugesagt, der dazu aber finanziell gar nicht in der Lage war.

Als ein früherer Präsident des Baden-Badener Clubs, William O. Roosevelt, ein Neffe Theodor Roosevelts, das hörte, ergriff er die Initiative und informierte Wentzel, daß die Offene in Baden-Baden stattfinden und er ein Preisgeld von 5000 Mark anbieten würde.

Wentzel lehnte das kategorisch ab und erklärte, daß, wenn überhaupt eine Offene stattfinden würde, dafür nur Oberhof in Frage käme. Nachdem die Baden-Badener aber erkannten, daß Oberhof das Geld niemals aufbringen würde, traten sie aus dem Golf Verband aus und organisierten selbst die Meisterschaft, die zu einem vollen Erfolg wurde. 120 Spieler traten zur ersten Deutschen Offenen an, darunter so illustre Namen wie Alexander Herd und Harry Vardon, der die Meisterschaft gewann. Angespornt durch diesen Erfolg wollte Baden-Baden dem Verband eins auswischen und erklärte, die Meisterschaft auch im nächsten Jahr auszurichten und das Preisgeld zu verdoppeln.

Das war für den Deutschen Golf Verband ein harter Schlag. Um das Kriegsbeil zu begraben, wurde Baden-Baden 1913 zur Jahresversammlung des Verbandes eingeladen. Am Ende des Abends waren die alten Wunden vergessen und Baden-Baden erneut in den Kreis der Verbandsmitglieder aufgenommen.

Ein Jahr später passierte etwas ziemlich Ungewöhnliches, als nämlich die Internationale Deutsche Amateurmeisterschaft in Hamburg-Flottbek nach der ersten Runde abgebrochen werden mußte – der Erste Weltkrieg war ausgebrochen.

Dieser Krieg traf – wie nicht anders zu erwarten – auch das deutsche Golf sehr schwer. Viele Clubs mußten schließen, darunter so bekannte wie Dresden, Hamburg, Kissingen, Wentorf-Reinbek und Wilhelmshaven.

Am Ende des ersten Weltkrieges gab es in Deutschland nur noch wenige Golfclubs, genau 14 mit einer Gesamtmitgliederzahl von 800 Golfern. Die ersten Nachkriegsjahre waren bitter, die noch existierenden Plätze, vor allem a conto des Maschinenmangels, in jämmerlicher Verfassung, und dazu gab es kaum Schläger und Bälle, so daß die Spieler sich alle irgendwie notdürftig behelfen mußten.

Dann wurde es aber bald etwas besser, weil die britischen Besatzungstruppen mit ihrer großen Liebe zum Golf zumindest einen Teil der Plätze wieder in recht guten Zustand brachten. Im Jahr 1927 konnten wieder Internationale Meisterschaften ausgetragen werden. In diesem Jahr gewann der in Berlin-Wannsee tätige englische Pro, Percy Allis, die erste seiner insgesamt fünf Deutschen Offenen. Ein anderer Engländer, Thomas Torrance, wurde Internationaler Deutscher Amateurmeister. Die Internationale Deutsche Damenmeisterschaft aber wurde von einer jungen deutschen Spielerin gewonnen – von Erika Sellschopp, die Deutschlands beste und erfolgreichste Golferin werden sollte.

1928 hatte der Deutsche Golf Verband 30 Mitglieder-Clubs, und die Zahl der aktiven Golfer nahm laufend zu. Der Golfsport wurde immer attraktiver; 1929 nahm sogar das amerikanische Ryder Cup-Team an der Deutschen Offenen in Berlin teil.

Ab 1930 bestanden für die Mitglieder der Deutschen Nationalmannschaft ein besonderer Anreiz und Anerkennung darin, daß sie auf allen deutschen Plätzen ohne Greenfee spielen konnten. Nicht zuletzt dadurch war der Standard der deutschen Spitzenspieler 1930 so hoch, daß der Präsident der English Golf Union,

Lord Brabazon of Tara, eine deutsche Mannschaft zu zwei Turnieren nach England einlud. Obwohl deutsche Mannschaften bereits gegen schwedische, französische und holländische Teams gespielt hatten, bedeutete die Einladung, gegen die berühmten englischen Spieler anzutreten, doch eine große Ehre. Das allererste internationale Match einer deutschen Mannschaft wurde 1914 in Falsterbo gegen die Schweden ausgetragen, die damals knapp 3:2 gewannen.

Vor Ausbruch des Zweiten Weltkriegs gab es in Deutschland immerhin schon 63 Golfclubs mit nicht weniger als 5000 Mitgliedern. Während der Kriegsjahre konnte natürlich kaum gespielt werden; und für die wenigen Glücklichen, die dazu in der Lage waren, wurde eine spezielle Regel geschaffen. 1943 schickte der Deutsche Golf Verband seinen Clubs ein Rundschreiben, in dem folgende Kriegsregel verkündet wurde:

„1943 bekanntgegeben, daß ‚Sprengtrichter', die ganz oder teilweise auf einer Spielbahn liegen, nicht als ‚Hindernisse' im Sinne der Erklärung gelten. – Liegt ein Ball in einem solchen Sprengtrichter oder innerhalb zweier Schlägerlängen von dessen Rand oder der aus dem Trichter herausgeschleuderten Massen oder andersgearteter Bombenbeschädigungen derart, daß des Spielers Schlag oder Stand behindert ist, so darf der Ball straflos aufgenommen und innerhalb zweier Schlägerlängen von dem Hemmnis, aber nicht näher dem Loch, fallengelassen werden. Diese Bestimmung gilt nicht, wenn der Ball außerhalb des Trichters im Rauhen liegt."

Nach Kriegsende waren die meisten deutschen Clubs entweder zerstört oder in den Händen der Besatzungstruppen. Zuerst standen die noch bespielbaren Plätze ausschließlich den Alliierten zur Verfügung. Erst nach längerem Bemühen von deutscher Seite durften auch deutsche Golfer wieder spielen, allerdings unter strengen Auflagen. So stand ihnen der Platz meistens nur an einem Vormittag pro Woche offen, was wirklich nicht viel war, unter den gegebenen Umständen aber immer noch besser als gar nichts.

Bald aber erwachte das deutsche Golf zu neuem Leben und gut 800 Golfer spielten wieder auf den vorhandenen Plätzen. Im Jahr 1949 erschien auch wieder das deutsche Golfmagazin „Golf", und ein Jahr danach wurde der Deutsche Golf Verband Mitglied des Europäischen Golfverbandes.

Nichts konnte nun den weiteren Aufstieg des deutschen Golf aufhalten. Meisterschaften standen wieder auf dem Programm, und deutsche Spieler wie auch ganze Mannschaften traten im Ausland erneut zu Turnieren und Mannschaftskämpfen an. Deutsche Teams nahmen am Canada Cup (World Cup) und der Eisenhower Trophy teil, und deutsche Spitzengolfer wurden für die St. Andrews Trophy in die Europa-Mannschaft berufen. Bei der Deutschen Offenen sah man jetzt regelmäßig Ryder Cup-Spieler; und der berühmte belgische Pro Flory van Donck wurde der Coach der deutschen Nationalmannschaft.

All dies trug natürlich dazu bei, das Interesse am Golf immer stärker werden zu lassen. Allein ein Blick auf die Zahl der Clubs zeigt, wie populär Golf in Deutschland geworden ist. Mitte der 60er Jahre gab es 73 reguläre Clubs und 11 Kurort-Clubs mit über 12000 aktiven Golfern; und wenn wir zehn Jahre weitergehen, so sehen wir wieder einen gewaltigen Sprung nach vorn. 1970 waren es 86 Clubs und 11 Kurort-Clubs und 1975 bereits 100 bzw. 21. Im Jahr 1980 zählte der Verband 150 Mitgliederclubs, und Mitte der 80er Jahre wurde die Zahl von 200 Clubs und 70000 Golfern überschritten.

Es war zweifellos ein langer Weg für das deutsche Golf von den Tagen, als Könige, Königinnen, Prinzen und Prinzessinnen die Kurorte Bad Homburg, Baden-Baden und Wiesbaden aufsuchten. Die Zukunft kann man nur positiv beurteilen, einmal wegen der intensiv betriebenen Jugendarbeit, zum anderen und vor allem aber a conto der Leistungen eines Mannes, des besten Golfers, den Deutschland je hatte – Bernhard Langer, heute einer der ganz Großen in der Welt des Golf.

Obere Reihe: Dobbs (Berlin), Sowerbotts (Bremen), Achenbach (Kitzeberg), Chapman (Leipzig), Morgan (Hamburg) und Dr. Degener Grischow (Bremen).
Untere Reihe: Gontard (Leipzig), Roosevelt (Baden-Baden), Wentzel (Hamburg), Twiss (Berlin) und Dr. Schlepergrell (Reinbek).
Die Herren trafen sich am 26. Mai 1907 in Hamburg und gründeten den Deutschen Golf Verband.

Johann Vincent Wentzel, erster Präsident des Deutschen Golf Verbandes im Jahre 1907. Seine Amtszeit dauerte bis 1919.

Karl Henkell, Präsident des Deutschen Golf Verbandes von 1933 bis 1944.

Gründungsmitglieder des Bremer Golf-Clubs auf der Bremer Rennbahn im Jahre 1895.

Die erste Verbandsmeisterschaft des 1907 gegründeten Deutschen Golf Verbandes fand noch im Gründungsjahr in Reinbek statt. Sieger wurde Mr. Hinckley (Wentorf-Reinbeker GC) links im Bild. Zweiter McMaster (Berlin) rechts im Bild. Bei den Damen gewann Mrs. Twiss (Berlin), links im Bild. Zweite Alice Knoop (Wentorf-Reinbeker GC) rechts im Bild.

Die typische Parkatmosphäre in Bad Homburg, wo Golf erstmalig im Jahre 1891 gespielt wurde.

1911 wurde auf dem Baden-Badener Golfplatz die 1. Deutsche Offene Meisterschaft ausgetragen. Der Preis: 5000,– Mark. Die zweite Meisterschaft 1912 war sogar mit 10000,– Mark dotiert. Die Meisterschaften wollte der Deutsche Golf Verband mit Sitz in Hamburg nicht anerkennen. Kurzerhand traten die Baden-Badener aus dem Verband aus. Erst 1913 kehrte man wieder in den Deutschen Golf Verband zurück, nachdem – wie aus einer Tagebucheintragung des Vorstandsmitglieds C.M. Groetz hervorgeht – auf der Jahrestagung im Hamburger Atlantik-Hotel eine Aussprache stattgefunden hatte.

Bremen 1907. Die Damen erwiesen sich als ebenso begeisterte Golfspieler wie die Herren. Und trotz ihrer Kleidung spielten sie sogar gut.

Preisverteilung bei der German Open 1931 in Berlin-Wannsee. Der Sieger R. Golias aus Frankreich beim Empfang der Trophäe. Zweiter in jenem Jahr war ebenfalls ein Franzose, M. Dallemagne.

Diese hübsche Aufnahme zeigt einen von einem Pferd gezogenen Fairway-Rasenmäher, wie er in Bad Kissingen im Jahre 1925 verwendet wurde.

Das kleine Buch

der

Gesellschaftsspiele.

Enthaltend:

Die schönsten Gesellschaftsspiele

im

Zimmer und im Freien.

Die bekanntesten Bewegungsspiele

des

In- und Auslandes.

Brettspiele – Ballspiele.

Von

A. Busch.

9. Auflage.

1904.

Friedrich Euler's Verlag.

Braunschweig.

Golf.

Golf ist das schottische Nationalspiel, und da es jetzt auch in Deutschland eingeführt wird, so wollen wir eine kurze Beschreibung desselben folgen lassen.

Zum Golfspiel eignet sich am besten eine große Heide, ein großer Exerzierplatz, eine Strandpartie ꝛc. Hindernisse schaden durchaus nichts, sind sogar erwünscht und machen das Spiel erst recht interessant. Je länger das Spielfeld, desto besser eignet sich dasselbe für Golf. An den beiden gegenüberliegenden Querseiten werden etwa 10 kleine, 15 cm weite und 20 cm tiefe Löcher gemacht, welche je 10 bis 20 m von einander entfernt sind. Um diese Male kenntlich zu machen, steckt man in die Löcher kleine Fahnen.

Zum Spiel gehört außerdem noch ein Ball, der meistens massiv und aus Guttapercha ist, und die Golf-Keulen, deren jeder Schläger verschiedene hat; es sind dies lange Stöcke mit keulenartigem Ende.

Der Ball muß nun mit diesen Keulen von einem Male zum andern, gegenüberliegenden, getrieben werden; man setzt ihn zu diesem Zwecke mit der Hand auf einen kleinen Sandhaufen, damit man zu einem kräftigen Schlage ausholen und den Ball recht weit schleudern kann. Sonst darf der Ball nicht weiter mit der Hand berührt werden, über alle Hindernisse ꝛc. muß er mit den Keulen hinweggetrieben werden.

Wer ein Mal mit den wenigsten Schlägen erreicht, hat dieses gewonnen; liegt der Ball des Gegners näher dem eigenen als 15 cm, so kann man ihn, um besser schlagen zu können, aufnehmen, muß ihn aber nach dem Schlage wieder hinlegen.

Gewöhnlich spielen zwei Parteien, aus je vier und mehr Personen bestehend, von derselben Richtung aus, die Partner schlagen abwechselnd. Jede Partei treibt ihren eigenen Ball, und immer die Partei schlägt weiter, welche noch am weitesten von dem zu erreichenden Mal entfernt ist.

Siegerin ist die Partei, welche die meisten Male mit den wenigsten Schlägen gewonnen hat. Der Ball muß in's Mal, also in's Loch hineingetrieben werden. Ist die Spielbahn nicht long genug, so kann der Ball hin und zurück geschlagen werden. Das Spiel ist dem deutschen Balltreiben sehr ähnlich, aber nicht so aufregend, da beide Parteien von einer Seite schlagen und jede ihren eigenen Ball treibt, dagegen erfordert Golf die größte Schlagkraft und Schlaggewandtheit, besonders dann, wenn Hindernisse zu überwinden sind.

Auszug aus dem 1904 erschienenen Buch „Das Kleine Buch der Gesellschaftsspiele“, in dem unter anderem auch das Golfspiel beschrieben wird.

Viktoria, Prinzessin von Schleswig-Holstein, während einer Trainerstunde bei dem großen J. H. Taylor 1908 in Sunningdale.

Häufiger Besucher in Baden-Baden und ein sehr guter Golfer war der Prince of Wales (Herzog von Windsor).

Der Aga Khan, ein begeisterter Golfer, hier bei einem Besuch in Baden-Baden. Der Aga Khan hatte große Spieler wie J. H. Taylor und George Duncan in seine Dienste verpflichtet, die ihm helfen sollten, sein Spiel zu verbessern.

Zu den vielen berühmten Besuchern in Bremen gehörte auch Kronprinz Friedrich von Preußen, hier mit seinen beiden Söhnen Prinz Friedrich und Prinz Hubertus. Im Hintergrund E. C. Weyhausen und Freiherr von Hühnefeld (Mai 1926).

A k t e n v e r m e r k

zu der Besprechung am Mittwoch, dem 16. Mai 1945, 15.00 Uhr
im
HAMBURGER GOLF-CLUB e.V.

Anwesend: die Herren
1.) Major France
2.) Captain Beardmore
3.) C.A. Hellmers.

Die englischen Herren gaben ihre freudige Überraschung zum Ausdruck über die schnelle und komfortable Einrichtung des Clubhauses.

In der inzwischen stattgefundenen Sitzung ist zunächst beschlossen worden, dass alle umgepflügten Spielbahnen sofort wiederhergestellt werden.
Captain Beardmore bittet um Anruf im Standardhaus, App. 157, bis Donnerstag, den 17. Mai 1945, 15.00 Uhr und um Aufgabe von

1.) denjenigen Firmen, die für eine Lieferung von Grassamen und Kunstdünger infrage kommen
2.) Namen der 8 neu einzustellenden Arbeiter und Nummern ihrer Arbeitsbücher
3.) den noch fehlenden Namen des Green-keepers, des Caddiemasters und der Reinemachefrau.

Der General will versuchsweise die Mitglieder des Clubs Dienstags und Freitags bis 13.00 Uhr spielen lassen. Die Zahl ist unbeschränkt. Sollte sich später ergeben, dass das Spiel an einem ganzen Tage durchführbar ist, so soll dies evtl. genehmigt werden. Andererseits behält sich der General vor, die Spielerlaubnis wieder aufzuheben, wenn sich hieraus irgendwelche Schwierigkeiten ergeben sollten.
Das Betreten des Clubhauses ist n i c h t erlaubt.

Die Herren betonten nochmals, dass die Hergabe sämtlicher Golfbälle unbedingt notwendig sei und dass keine Bälle zurückbehalten werden dürften.

Captain Beardmore wird vom Flottbeker Club den Tractor und die übrigen Maschinen - soweit vorhanden - beschlagnahmen lassen. Ebenso wird er versuchen, die Beschlagnahme des Maschinenschuppens durch die Stadt wieder aufzuheben, damit die Maschinen des Clubs untergestellt werden können.

Sämtliche Golftaschen werden fortlaufend numeriert, und zwar durch Aufmalen von entsprechenden Zahlen auf die Golftasche.

Das Caddiehaus wird für die Golf spielenden Soldaten freigemacht und soll es durch den Club mit Bänken und kleinen Tischen eingerichtet werden. Die dort lagernden Golfschläger kommen in die Herren- und Damengarderobe und werden dort von dem noch zu engagierenden Caddiemaster und der Sekretärin ausgegeben.

Captain Beardmore kommt am Freitag, dem 18. Mai um 18.00 Uhr wieder in den Club und wird dann weitere Einzelheiten mitteilen können. Zu dieser Besprechung wird Herr Lüthke als Dolmetscher gebeten werden.

Blankenese, den 16. Mai 1945

Bericht über eine Sitzung, die am 16. Mai 1945 im Hamburger Golf-Club zwischen Vertretern der Britischen Armee und C. A. Hellmers vom Hamburger Golf-Club stattfand. Gegenstand der Besprechung waren die Spielbedingungen in diesem Club im Jahre 1945.

Anzeigen aus der „Deutschen Golfzeitung".

Bad Eilsen

GOLF-WETTSPIELE

ARMEE gegen MARINE

Sonnabend, den 29. August, 15 Uhr: Einzelspiele
Sonntag, den 30. August, 10 Uhr: Doppelspiele
Anmeldungen bis 26. August an Admiral v. Bodecker, Bad Eilsen, erbeten. Einsätze RM 3.— für jedes Spiel.

Die siegende Mannschaft erhält Erinnerungspreise

Sonnabend, den 29. August, 20 Uhr gemeinsames Essen im „Fürstenhof". Anzug: Uniform oder Smoking.
Empfehlenswerte Unterkunft: „Fürstenhof", Pension ab RM 9.—. „Badehotel" ab RM 7.- . „Georg-Wilhelm-Haus" ab RM 6.— oder Wochenendpreise.

Eine interessante Anzeige aus der „Deutschen Golfzeitung" vom 15. August 1936, in der ein Golf-Wettspiel zwischen der Armee und der Marine in Bad Eilsen angekündigt wird.

Der Platz in Oberhof.

Zwei von Deutschlands berühmtesten und erfolgreichsten Golfern – Erika und Erik Sellschopp. Mutter und Sohn Sellschopp haben dazu beigetragen, daß der Wentorf-Reinbeker Golf-Club heute einen festen Platz in der deutschen Golfszene einnimmt.

Der große australische Trick-Shot-Experte Joe Kirkwood bei der Demonstration einer seiner vielen Tricks 1936 in Berlin.

Eine höchst ungewöhnliche Aufnahme des legendären Ben Hogan Anfang der fünfziger Jahre: hier bei der Demonstration von Trick Shots vor amerikanischen Soldaten in Wiesbaden.

Der Golfball

Die stürmische Entwicklung des Golf ist in erster Linie auf die großen Fortschritte im Herstellungsverfahren der Bälle zurückzuführen. Mit den verbesserten Bällen wurde das Spiel leichter und machte sehr viel mehr Freude. Bis zur Mitte des 19. Jahrhunderts spielte man mit dem sogenannten „Feathery“. Es war ein Lederball – ähnlich dem für das Spiel „Fives“ verwendeten –, mit nassen Federn gestopft, die beim Trocknen dann sehr hart wurden. In trockenem Zustand flog er ganz gut; war er aber naß, so kam er kaum in die Luft und konnte außerdem bei einem unsauberen Eisenschlag leicht zerplatzen. Mit einem Stückpreis von bis zu vier Schilling war der Feathery fast so teuer wie ein Schläger. Der Einsatz von Gummi bei der Produktion von Golfbällen war daher der wichtigste Schritt in der weiteren Entwicklung. „Guttapercha“, eine harte Substanz, die sich in heißem Wasser aufweichen ließ, wurde 1843 in Malaya (Malaysia) entdeckt. 1848 kamen die ersten Gummi-Golfbälle auf den Markt. Die Herstellung war höchst einfach. Guttapercha wurde in heißem Wasser aufgeweicht und mit der Hand zu Golfbällen gerollt, die sich dann beim Trocknen erhärteten. Diese glatten, runden Bälle flogen jedoch noch ganz unkontrolliert, bis man herausfand, daß die Flugeigenschaften durch leichte Einkerbungen in der Oberfläche erheblich besser wurden. Der Guttapercha-Ball nahm keine Farbe an, blieb also dunkelgelb oder braun, war dafür aber billig und hielt ewig. Diese Erfindung machte das Spiel auf einen Schlag auch für alle diejenigen erreichbar, die sich den Feathery nicht leisten konnten. Im Jahr 1880 erschien dann der „Gutty“, ein aus mehreren Komponenten zusammengesetzter, besonders harter Ball. Er war so hart, daß das Herstellungsverfahren der Holzschläger entsprechend geändert werden mußte, weil die Schlägerköpfe wie auch die Bälle selbst im Treffmoment zerplatzen konnten.

Aus heiterem Himmel kam 1898 der nächste große Fortschritt – der in den USA erfundene und entwickelte „Haskell-Ball“ mit straff gespannten Gummibändern im Inneren und einer festen Außenhaut. Durch ihn wurde das Spiel wesentlich leichter und angenehmer. Der Ball flog generell sehr viel weiter, und selbst schlechte Schläge führten nicht unweigerlich zu einer Katastrophe. Der Ball war allerdings mit 2 Schilling, 6 Pence relativ teuer, kosteten doch Eisenschläger damals etwa 3 Sch. 6 P. und Hölzer 5 Sch. Die Verbesserung war jedoch so entschei-

Golfbälle vor 1900:

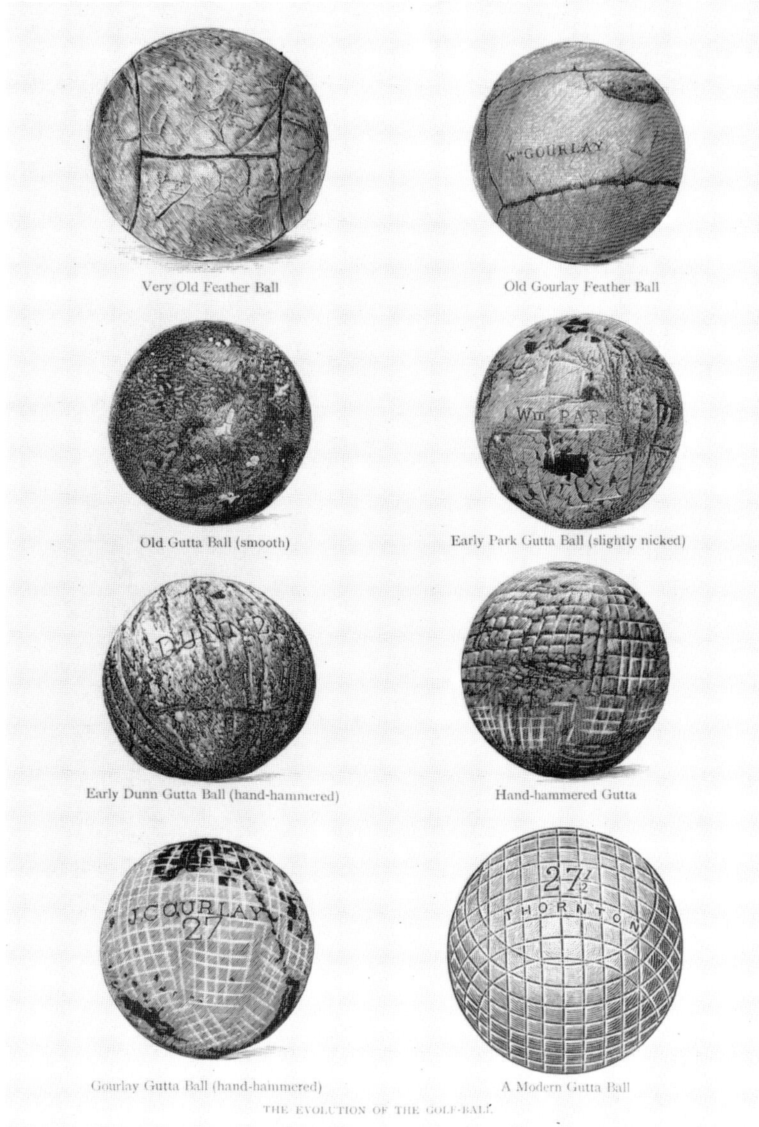

dend, daß der Preis keine Rolle spielte. Der Haskell nahm auch erheblichen Einfluß auf die Konzeption der Golfplätze. Sie mußten fast ausnahmslos verlängert werden, um der Flugweite des neuen Balles Rechnung zu tragen. Im übrigen dauerte es bis 1922, bis man für die Golfbälle allgemeingültige Standardmaße und -gewichte festlegte (heute gibt es zwei Größen, den kleineren englischen und den größeren amerikanischen).

Bis zu diesem Zeitpunkt konnten Bälle jeder Art und Größe gespielt werden. Dem heutigen Ball sieht man es gar nicht an, wieviel Erfindergeist in ihm steckt. Ein direkter Nachkomme des Haskell wird heute zu einem Preis angeboten, der erstaunlicherweise nur noch einen Bruchteil der für einen Schläger geforderten Summe ausmacht.

oben (von links nach rechts): Dunlop Maxfli von 1922; Springvale Hawk von 1907 (um einen festen Kern liegen gespannte Gummibänder); Cestrian-Gutty von 1900.

unten links: Ein von Hand gefertigter Gutta-Ball und eine Guttapercha-Platte, aus der er gemacht wurde.

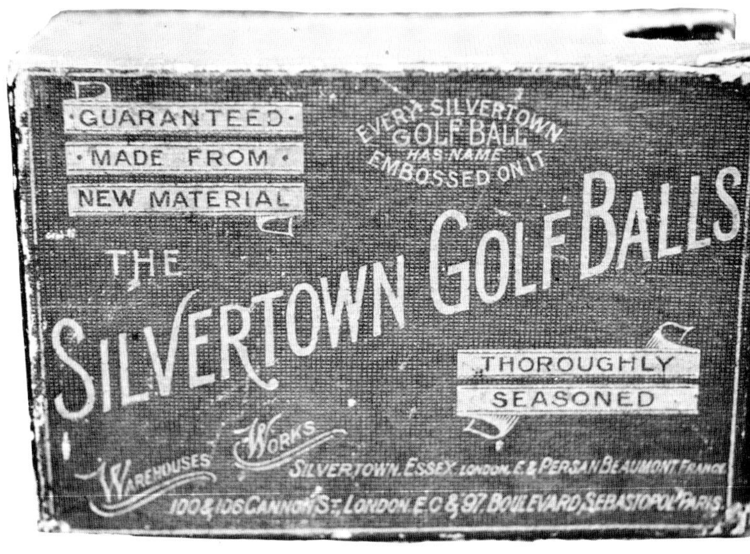

Golfball-Schachtel.

THE "ECLIPSE" GOLF BALL.

(CURRIE'S PATENT.)

THESE have quite superseded the old gutta-percha balls. They are almost indestructible, no club or iron will hack them, they fly beautifully, and retain their perfectly round shape; they can be driven further than the gutta-percha ball, and are quite true on the putting-green.

EXTRACT FROM "THE FIELD," 23RD JULY, 1881. —"We have thoroughly tested the specimens sent, and were agreeably surprised to find how near they came to the high estimate put upon them by the Patentee. Most assuredly they do not get hacked; not only did we play for four hours with the one ball, but for nearly two minutes afterwards we hammered away at it with our niblick, and no trace of hacking could be found. A better driving ball, too, we never struck; but the very elasticity which constituted its excellence in that particular at first rendered it somewhat uncertain in the short or putting game, especially where the green was a bit rough. That drawback, on our calling attention to it, the Patentee has remedied, and a fresh trial has convinced us that the remedy is effectual. As to the alterations effected by change of temperature, we cannot, in this tropical weather, speak from experience; but every Golfer knows that during intense frost the gutta-percha balls occasionally split, and these we are assured will not."

THE "ECLIPSE" GOLF BALL.—The "Eclipse" continues to grow in favour with golfers, as the unsolicited testimony of experts abundantly testifies. At the commencement of last season it for a time lost its good name; complaints as to chipping, splitting, and durability —or, rather, non-durability—were frequent, and, as the patentee speedily discovered, not without cause. The increased demand for the ball had necessitated the construction of new machinery, and in the augmented plant was found a flaw which accounted for the shortcoming. This, however, has since been remedied. A correspondent writes that he has played every alternate day for two months with a couple of these balls selected at random, and never drove any that gave such entire satisfaction.—*Field*, April 2nd, 1887.

Messrs. Currie, of the Caledonian Rubber Works, Edinburgh, are the patentees of the "Eclipse" Golf Ball, which, since they first introduced it, has been greatly improved in flying qualities. No less authority than Mr. Horace Hutchinson, the amateur champion, has pronounced the opinion that in its all round merit, the "Eclipse" is quite as good as the Gutta Ball. There can be no doubt about the "Eclipse" being the better ball to play with against the wind; it also retains its roundness, a great desideratum in putting, and is the most economical ball of the two.—The *Newcastle Daily Journal*, April 14th, 1887.

To be had from all Indiarubber Depots and Golf Club Makers.

PATENTEES AND SOLE MAKERS,

WILLIAM CURRIE & CO.,

Caledonian Rubber Works, Dalry Road, Edinburgh.

Der einfache, aus einem Stück gefertigte Guttapercha-Ball mit eingekratzten oder eingehämmerten Kerben. Er trat an die Stelle des Feathery.

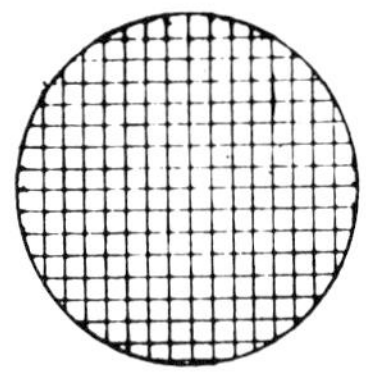

Der Guttapercha-Ball mit parallel eingekerbten Linien, der eine Zeitlang recht beliebt war.

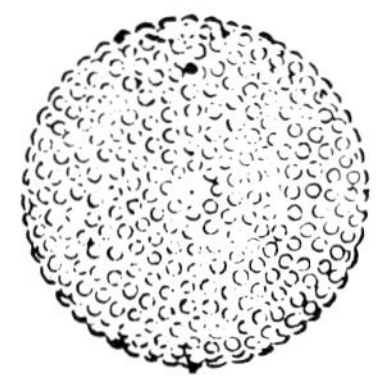

Der Guttapercha-Ball mit eingekerbten Punkten, das letzte Modell der aus einem Stück gefertigten Bälle.

Der „Haskell", der erste Ball mit straff gespannten Gummibändern und einer Außenhaut aus Guttapercha. Er kam 1902 in England auf den Markt.

Englisches, verbessertes Modell des Haskell mit breiteren Gummibändern um einen festen Kern herum.

Eine weitere Verbesserung – noch breitere Gummibänder und eine dünnere Außenhaut.

Noch einmal verbreiterte Gummibänder und eine „Eierschalen-Außenhaut".

Ein weiterer Entwicklungsschritt: Ball-Durchmesser von 1 11/16 auf 1 5/8 inch reduziert mit entsprechend angepaßtem Gewicht.

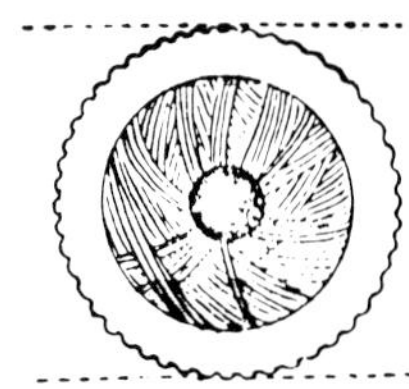

Ball normalen Umfangs, aber sehr viel schwerer. Der erste im Wasser untergehende Ball.

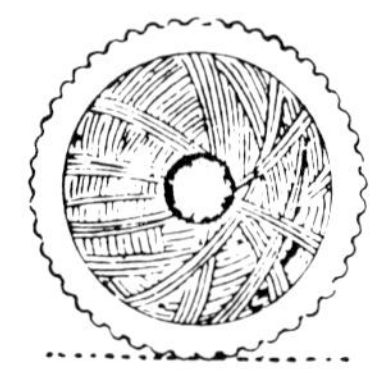

Der Ball von 1911. Kleiner Durchmesser (1 5/8 inch) und wesentlich schwerer als die Vorgänger. Ebenfalls im Wasser untergehend.

Skizzen der verschiedenen Entwicklungsstufen in der Konstruktion der Golfbälle und der Außenhautmarkierungen. Auszug aus „Frys Magazine" von 1911/12.

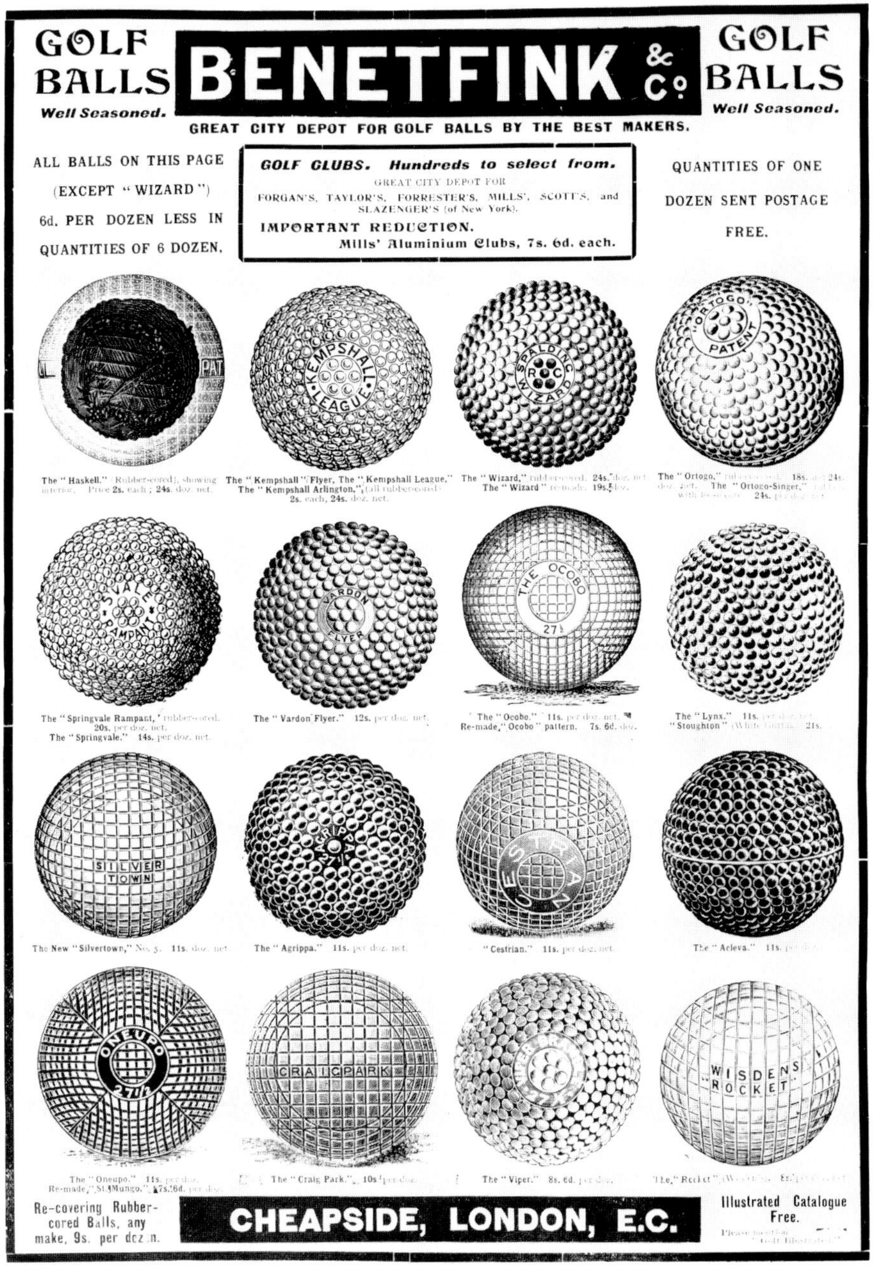

GOLF BALLS Well Seasoned.
BENETFINK & Co.
GOLF BALLS Well Seasoned.
GREAT CITY DEPOT FOR GOLF BALLS BY THE BEST MAKERS.
ALL BALLS ON THIS PAGE (EXCEPT "WIZARD") 6d. PER DOZEN LESS IN QUANTITIES OF 6 DOZEN.
GOLF CLUBS. Hundreds to select from.
GREAT CITY DEPOT FOR
FORGAN'S, TAYLOR'S, FORRESTER'S, MILLS', SCOTT'S, and SLAZENGER'S (of New York).
IMPORTANT REDUCTION.
Mills' Aluminium Clubs, 7s. 6d. each.
QUANTITIES OF ONE DOZEN SENT POSTAGE FREE.
KEMPSHALL LEAGUE
SPALDING R C WIZARD
ORTOGO PATENT
The "Haskell." (Rubber-cored), showing interior. Price 2s. each; 24s. doz. net.
The "Kempshall" Flyer, The "Kempshall League," The "Kempshall Arlington," (all rubber-cored) 2s. each, 24s. doz. net.
The "Wizard," rubber-cored. 24s. doz. net. The "Wizard" remade. 19s. doz.
The "Ortogo," 18s. and 24s. doz. net. The "Ortogo-Singer," 24s.
VARDON FLYER
THE OCOBO 27½
The "Springvale Rampant," rubber-cored. 20s. per doz. net.
The "Springvale." 14s. per doz. net.
The "Vardon Flyer." 12s. per doz. net.
The "Ocobo." 11s. per doz. net.
Re-made, "Ocobo" pattern. 7s. 6d. doz.
The "Lynx." 11s.
"Stoughton" 21s.
SILVER TOWN
CESTRIAN
The New "Silvertown," No. 5. 11s. doz. net.
The "Agrippa." 11s. per doz. net.
"Cestrian." 11s. per doz. net.
The "Acleva." 11s.
ONEUPO 27½
CRAIGPARK
WISDENS ROCKET
The "Oneupo." 11s. per doz.
Re-made, "St. Mungo." 7s. 6d. per doz.
The "Craig Park." 10s. per doz.
The "Viper." 8s. 6d. per doz.
The "Rocket"
Re-covering Rubber-cored Balls, any make, 9s. per dozen.
CHEAPSIDE, LONDON, E.C.
Illustrated Catalogue Free.

AVON
GOLF BALLS
IN THE JUNE COMPETITIONS
5 Cups, 15 Medal rounds,
9 "bogey" Competitions
were won with AVON GOLF BALLS during June. Most of the winners have specially written in high praise of their sterling qualities.
¶ And many new records for Courses were made, particularly with the "Avon Junior" recessed— the super-ball that good players love. This type is the final answer to the problem of evolving a golf ball that will drive long, low and true, run well after alighting, and putt obediently.
"AVON RIFLED"
Standard Size, 27 dwts. (floating) or 29 dwts. Junior, 30 dwts.
2/- each.
"AVON" Standard Floater, Standard Heavy, or Junior Heavy, each with Recessed or Bramble Marking.
1/9 each.
your "Pro." or Sports Dealer does not stock, please write us. Trial Sample, post free, 2/- or 1/9.
At Prestwick Vardon, Simpson, Mitchell, and Williamson (finishing 1st, 3rd, 4th, and 5th), and many others, were noticed with the handy AVON BALL CLEANER attached to their Club Bags. This new Cleaner—"The Sponge in the Captive Cap"—is the cutest contrivance yet invented.
Price 1/- each.
Manufactured by THE AVON INDIA RUBBER CO., LTD., MELKSHAM, WILTS.
LONDON: 19 NEWMAN STREET, OXFORD STREET, W.
Depots also at BRISTOL, BIRMINGHAM, MANCHESTER, GLASGOW, and PARIS.

The BENETFINK "BEST BALL"
These three pictures show the manner of making the Benetfink "Best" Ball. The inner core is hand-wound with the finest Para rubber tape to a diameter of 7/8", after which it is automatically wound to 1½" with the very best rubber thread.
Get the new Benetfink Golf Book, No. 20, just published, post free.
The outer cover is so tough as to render the ball practically indestructible, and has at the same time wonderful resilience. Our "Best" Ball is guaranteed not to crack, and the paint is guaranteed not to chip off in play.
Price 19/6 per dozen, post free.
Sample ball 1/7½, post free.
THE BENETFINK GOLF BOOK 1912
LONDON: PUBLISHED BY BENETFINK & Co LTD CHEAPSIDE, E.C.
BENETFINK & CO., Ltd., CHEAPSIDE, E.C.

PNEUMATIC GOLF BALL
Its Popularity with Players due to its
Extreme Durability and Remarkable Resiliency.
COMPRESSED AIR
A
B
C
D
Here's a sectional view of the Pneumatic Golf Ball. Study its anatomy. You will find in its core the vital, exclusive, all-important reason for its superiority over all other makes of golf balls — Compressed Air, the most perfect resilient known.
The air pressure is 800 pounds to the square inch, yet you can saw one open without danger. The rubber cored ball is not comparable with this, at all—the Pneumatic is so far in the lead.
The AIR CONTAINER (A) is a soft and springy substance covered with thin rubber.
The JACKET for Air Retainer (B) is of Pure Para Rubber, very resilient.
The WALL OF WOUND THREAD (C) is composed of a single thread of Sea Island cotton over one thousand feet long—wound with perfect accuracy and uniformity.
THE COVER (D) is made of pure Para Rubber of the highest degree of toughness. This is vastly more durable than a gutta cover. Do you wonder that the Pneumatic is the talk of the links? Both professionals and amateurs agree that the Pneumatic is the most reliable for driving, the best for approach shots, the most accurate for putting of any golf ball made.
This is what the world-renowned professional E. Ray says :—
"I find it a distinct advance on the rubber-cored ball, both as regards driving and putting. It goes farther than any rubber ball, and on the green it is as dead as a 'guttie,' which, of course, is just what one wants.
"I also find that its lasting qualities are, so far as I have used the ball, greatly superior to the rubber.
"Yours faithfully, (Signed) E. RAY, Professional."
You can't cut or dent it with an iron, no matter how hard you try. ONE Pneumatic ball will outwear SEVERAL balls of any other make. WE CHALLENGE ANYONE TO DISPROVE OUR STATEMENT.
Price 24/- doz. Postage 4d.
GEIPEL & LANGE, Vulcan Works, St. Thomas Street, S.E.
THE PNEUMATIC

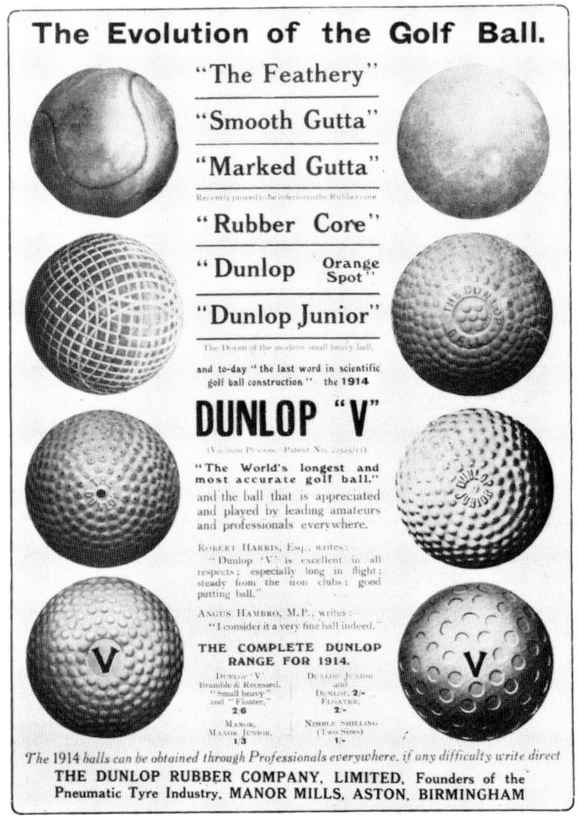
The Evolution of the Golf Ball.
"The Feathery"
"Smooth Gutta"
"Marked Gutta"
"Rubber Core"
"Dunlop Orange Spot"
"Dunlop Junior"
The Doyen of the modern small heavy ball.
and to-day "the last word in scientific golf ball construction" the 1914
DUNLOP "V"
"The World's longest and most accurate golf ball."
and the ball that is appreciated and played by leading amateurs and professionals everywhere.
ROBERT HARRIS, Esq., writes:
"Dunlop 'V' is excellent in all respects; especially long in flight; steady from the iron clubs; good putting ball."
ANGUS HAMBRO, M.P., writes:
"I consider it a very fine ball indeed."
THE COMPLETE DUNLOP RANGE FOR 1914.
DUNLOP 'V' Bramble & Recessed. "Small heavy" and "Floater." 2/6
DUNLOP JUNIOR and DUNLOP, 2/- FLOATER, 2/-
MANOR, MANOR JUNIOR, 1/3
NIMBLE SHILLING (Two Sizes) 1/-
The 1914 balls can be obtained through Professionals everywhere, if any difficulty write direct
THE DUNLOP RUBBER COMPANY, LIMITED, Founders of the Pneumatic Tyre Industry, MANOR MILLS, ASTON, BIRMINGHAM

THERE IS

ONLY ONE BALL

WHICH IS THE BEST

AND THAT IS THE

2/6 "WHY NOT" 2/6

PURPLE DOT—30 DWT.

A few phrases culled from the volume of testimonials received from well-known Professionals relative to the "WHY NOT."

"Cannot speak highly enough of the 'WHY NOT.'"
"The Ball gets more popular every day."
"Don't disappoint me. They are going like hot cakes."
"Send as many as you can spare."
"It is the longest driving Ball on the market, and no other ball can approach it."
"The best ball I ever played with."—(From scores of Pro.'s).
"Consider the carry at least twenty yards in advance of anything."
"The best ball I have ever played. After 20 rounds the ball is as good as ever, shape perfect."

OF ALL PROFESSIONALS—2s. 6d. each.

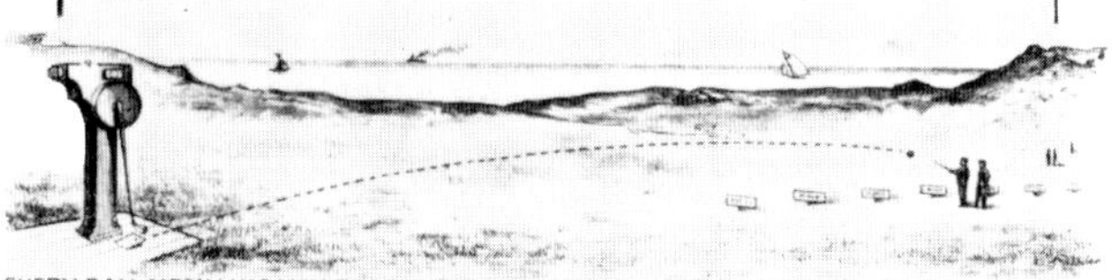

EVERY BALL MECHANICALLY TESTED BEFORE BOXING & GUARANTEED FOR FLIGHT & ACCURACY

W. T. HENLEY'S TELEGRAPH WORKS CO. LTD., 13-14 Blomfield Street, LONDON, E.C.

THE LATEST AND BEST. A TRIAL IS PROOF

HENRY'S Patent RUBBER-CORED

RIFLED BALL

Patent No. 4360

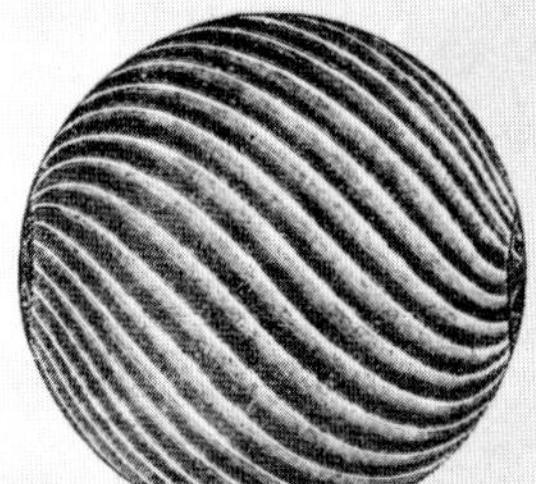

THE FARTHEST, STRAIGHTEST AND SWIFTEST FLYING BALL IN THE MARKET

IT FLIES LIKE A BULLET

TRADE & PROFESSIONALS SUPPLIED

Every Ball Guaranteed

Price 2s. Each
or
Per 23s. Dozen

Post Paid on One Dozen

Special Terms for Quantities

All Orders and Remittances to the Patentee—

ALEXANDER HENRY, GUN AND RIFLE MAKER

89 LEITH WALK, EDINBURGH

GOLF ILLUSTRATED, October 16th, 1903.—Mr Alexander Henry, of Edinburgh, whose name is so well known in connection with the British Service Weapons—the Martini-Henry and the improved Lee-Enfield Government Rifle, Hammerless ejector guns and other scientific inventions—has turned his attention to golfing weapons and projectiles. He has applied the principle of Rifling (which steadies and straightens the flight of a bullet) to golf balls, and has produced a ball with the rifled pattern on it in place of the usual markings. The ball has a beautiful appearance, and it is claimed for it that it is specially adapted for driving against the wind, as it does not soar but bores through it. This novel invention, which is also rubber-cored, is well worth a trial. It is undeniably a ball that goes off the club at a terrific pace, a pace that is well maintained in the carry, while the globe runs well after dropping. It is also reliable upon the green.

Henry's Special "GRAVITATOR" CLEEKS, 7/6 each

No Golfer's Bag is complete without one

lxxvi

CONFIDENCE
is the possession of the golfer who plays with "The Link." Not only is this ball a mighty driver and very easy of control in approaching and putting, but its practically indestructible cover makes it last exceptionally
2/-
THE LINK
The Non-Skid ball.
Manufactured by
THE HELSBY CO.
British Insolated and Helsby Cables, Ltd.,
HELSBY, near WARRINGTON.

YE PAL
NEWMAN'S PAL
From a Pencil Drawing by J. Newman.
THE PAL
is made in two weights floating and non-floating, light and heavy. The floating Pal is distinguished by a red dot and the heavy by a blue dot. Both are of the highest half-crown quality but both are sold at 2/-.
METROPOLITAN GOLF BALL CO. (Josiah Newman, Proprietor)
Avenue Chambers, Southampton Row, LONDON, E.C.
TELEGRAMS—"METGOBAL, LONDON"
TELEPHONE—REGENT 3900

THE "ZENITH"
2/6
The Secret of the "Zenith" is in its wonderful core
—the core that looks like rubber—feels like rubber—is like rubber only, for its purpose is far, far better. It is made of a new and remarkable composition, the base of which is starch. It gives to the "Zenith" ball its "long-carry" and "short-run." It gives absolute reliability on the green—it gives comparative deadness of fall—it gives golf-ball satisfaction—satisfaction after the first game—satisfaction after each succeeding game.
The ZENITH PATENT CORE BALL
"Golf Illustrated" of March 8th said:—"Its great merit is in the comparative deadness of its fall both from full and approach shots. One can place the ball with it, feeling sure that it will not run after landing beyond all reasonable calculation. On the putting green its steadiness and reliability are equally remarkable."
Try the "Zenith"—you'll be as enthusiastic as other golfers are. Sample sent on receipt of 2/6. Sample of the "Bogey"—same core as "Zenith," only lighter—2/-. First ask if your professional or dealer stocks them.
R. LEHMANN & CO., LTD., Monument Street, LONDON, E.C.
NORFOLK STUDIO.
THE ZENITH GOLF BALL

2/-
AERO
You can try the longest driving ball in the World
FREE
To prove our faith in the quality and supremacy of Aero 'M' Balls, we hear and now offer to return your money in full, without delay or demur, if you buy one and are dissatisfied in the slightest particular. Ask your professional to supply you.
RECORDS MADE WITH AERO 'M'
May 18th.—A. S. Moses, Brecon Golf Club, created a new record for the course with a score of 73, using our Aero 'M' Golf Ball.
May 16th.—S. Pearson, North Gloucester Golf Club, created a new record with a score of 71, using our Aero 'M' Golf Ball, the previous record being 73 by Abe Mitchell.
THE MIDLAND RUBBER CO., LTD., RYLAND STREET, BIRMINGHAM.
'AERO'
The Paramount BALL

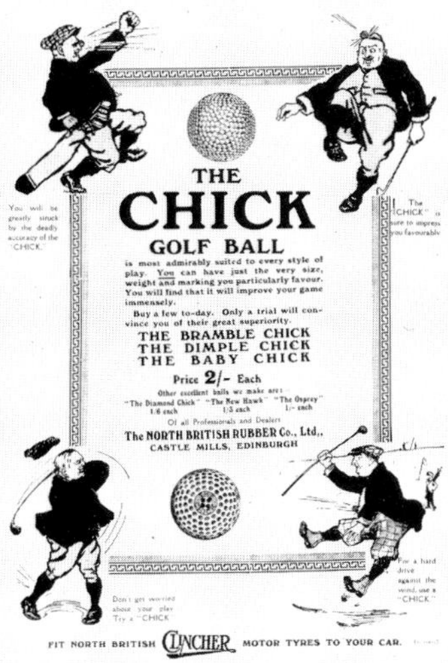
THE
CHICK
GOLF BALL
is most admirably suited to every style of play. You can have just the very size, weight and marking you particularly favour. You will find that it will improve your game immensely.
Buy a few to-day. Only a trial will convince you of their great superiority.
THE BRAMBLE CHICK
THE DIMPLE CHICK
THE BABY CHICK
Price 2/- Each
Other excellent balls we make are:
"The Diamond Chick" 1/6 each
"The New Hawk" 1/3 each
"The Osprey" 1/- each
Of all Professionals and Dealers
The NORTH BRITISH RUBBER Co., Ltd.,
CASTLE MILLS, EDINBURGH
You will be greatly struck by the deadly accuracy of the "CHICK."
The "CHICK" is sure to impress you favourably
Don't get worried about your play Try a "CHICK"
For a hard drive against the wind, use a "CHICK."
FIT NORTH BRITISH CLINCHER MOTOR TYRES TO YOUR CAR.

YOU NEVER CAN TELL
WHAT CAN BE DONE UNTIL YOU TRY THE WORLD-FAMED
COMMODORE
GOLF BALL
THE MOST POPULAR BALL OF THE SEASON
THE "COMMODORE" GOLF BALL
COMMODORE
PRICE
2/6
SUPPLIED IN BRAMBLED OR RECESSED MARKING. FULL SIZE STANDARD, FLOATING & SMALL HEAVY
IT IS UNEQUALLED
. . FOR . .
ALL-ROUND EXCELLENCE
GREAT DRIVING POWER
STEADINESS AND
DURABILITY
THE "COMMODORE" GOLF BALL HAS ALL THE ABOVE MERITS, AND MANY MORE—ABSOLUTELY THE CHAMPION GOLF BALL FOR BOTH AMATEUR AND PROFESSIONAL.
THERE ARE MANY MORE GOLF BALLS, BUT
ONLY ONE "COMMODORE"
INSIST ON HAVING THIS WONDERFUL BALL
MADE BY RUBASTIC LIMITED
"THE HOME OF THE GOLF BALL INDUSTRY"
RUBASTIC ROAD, SOUTHALL, MIDDLESEX

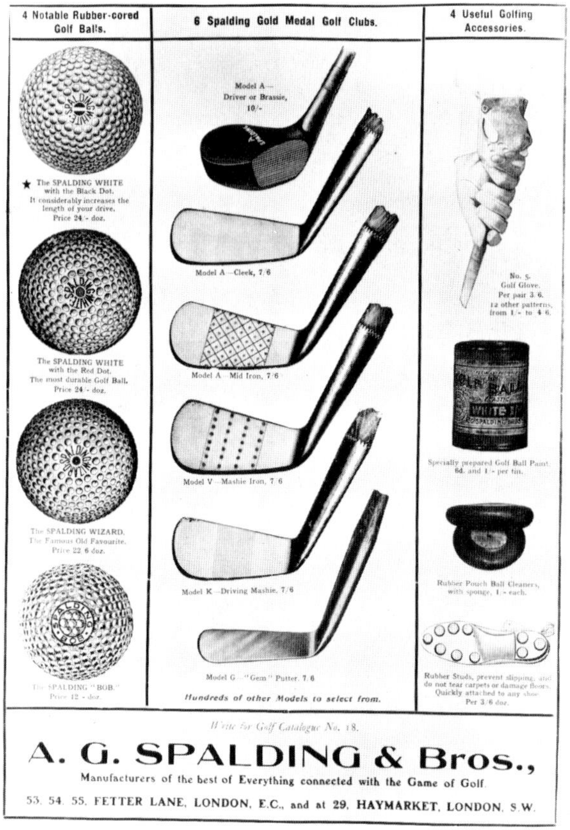
4 Notable Rubber-cored Golf Balls.
6 Spalding Gold Medal Golf Clubs.
4 Useful Golfing Accessories.
★ The SPALDING WHITE with the Black Dot. It considerably increases the length of your drive. Price 24/- doz.
The SPALDING WHITE with the Red Dot. The most durable Golf Ball. Price 24/- doz.
The SPALDING WIZARD. The Famous Old Favourite. Price 22/6 doz.
The SPALDING "BOB." Price 12/- doz.
Model A— Driver or Brassie, 10/-
Model A—Cleek, 7/6
Model A—Mid Iron, 7/6
Model V—Mashie Iron, 7/6
Model K—Driving Mashie, 7/6
Model G—"Gem" Putter, 7/6
Hundreds of other Models to select from.
No. 5. Golf Glove. Per pair 3/6. 12 other patterns, from 1/- to 4/6.
Specially prepared Golf Ball Paint. 6d. and 1/- per tin.
Rubber Pouch Ball Cleaners, with sponge, 1/- each.
Rubber Studs, prevent slipping, and do not tear carpets or damage floors. Quickly attached to any shoe. Per 3/6 doz.
Write for Golf Catalogue No. 18.
A. G. SPALDING & Bros.,
Manufacturers of the best of Everything connected with the Game of Golf.
53, 54, 55, FETTER LANE, LONDON, E.C., and at 29, HAYMARKET, LONDON, S.W.

IMPORTANT TO GOLFERS
THE
COLONEL
GOLF BALLS
have always been, and still are, constructed from
INDIA RUBBER
AND
GUTTA PERCHA
and nothing else.
With the exception of the 'Heavy Colonel,' which is a smaller-sized ball and specially suitable for windy days, the 'COLONEL' GOLF BALLS float in water.
THE
'WHITE COLONEL'
The Golf Ball de Luxe.
Made in two markings.
2/6 each.
THE RENOWNED
'PATENT COLONEL'
2/- each.
THE
'HEAVY COLONEL'
2/- each.
The Paint on the 'Colonel' Golf Balls is perfect.
ST. MUNGO MANUFACTURING CO., GOVAN, SCOTLAND
LONDON OFFICE—37 WALBROOK, E.C. NEW YORK OFFICE—725 BROADWAY.
AMERICAN FACTORY—MOUNT PROSPECT AVENUE, NEWARK, NEW JERSEY.

Die ersten Schlägermacher

Vor Einsetzen des großen Golf-Booms im letzten Viertel des 19. Jahrhunderts war die Fabrikation von Schlägern und Bällen lange Zeit die ausschließliche Domäne einiger weniger Familien in Schottland, in denen Kenntnisse und Erfahrungen vom Vater auf den Sohn weitergegeben wurden. Es waren die Forgans, mit denen der berühmte H. Philps verwandt war; die McEwans; die Dunns; die Patricks und die Parks. Die Abbildungen aus den Jahren 1881 und 1895 zeigen den Mitarbeiterstab von R. Forgan & Son.

Die McEwans
Diese Schlägerfabrik wurde 1770 von James McEwan in Bruntsfield bei Edinburgh gegründet und von drei weiteren Generationen der Familie bis zum Jahr 1897 weitergeführt.
1847 eröffneten sie in Musselburgh ein Zweigwerk, in dem sie später auch Bälle herstellten. Auch dieser Betrieb wurde 1897 geschlossen. Das Bild aus dem Jahr 1864 zeigt eine Gruppe von Professionals der damaligen Zeit in Perth. Es sind 1 Tom Morris, Jr. – 2 Tom Morris, Sr. – 3 G. D. Brown – 4 D. Park – 5 W. Dunn – 6 C. Hunter – 7 W. Park – 8 James Johnstone – 9 J. Strath – 10 R. Macdonald und 11 R. Andrews.

Peter McEwan 1834–1895

D. McEwan 1869–1921

Peter McEwan 1781–1836

Der Betrieb von Mr. McEwan in Bruntsfield bei Edinburgh

Willie Dunn Sr., 1821–1871

– Jamie Dunn 1821–1878

Die Dunns
Die Familiengeschichte der Dunns beginnt in Musselburgh mit den beiden Zwillingen Willie und Jamie, den Söhnen eines Stukkateurs. Durch ihre Erfolge in zahlreichen Wettspielen mit Wetteinsätzen wurden sie berühmt. 1851 wurde Willie zum „Keeper of the Green" in Blackheath bestellt, ein Amt, das er 14 Jahre lang behielt und ab 1854 mit seinem Bruder Jamie teilte.

Willie hatte zwei Söhne, Tom (1849–1902) und Willie Jr. (1865–1952). Tom wurde einer der ersten Golfplatzarchitekten und hat insgesamt 137 Plätze gebaut. Willie Jr. ging nach Amerika, baute dort den berühmten Platz in Shinnecock Bay, Long Island, und gewann 1894 die erste inoffizielle Meisterschaft der USA. Auch er war ein begehrter Golfplatzarchitekt.

Willie Dunn, Jr., Amerikanischer
Meister 1894

Tom Dunn 1849–1902

Willie Park Sr., 1834–1903

Die Parks aus Musselburgh
„Old Willie“ war Meister in den Jahren 1860, 63, 66 und 75. Nach Abschluß seiner Lehre als „Ball-Macher“ eröffnete er 1870 in Musselburgh einen Betrieb zur Herstellung von Golfschlägern und -bällen. Sein Bruder Mungo gewann die Meisterschaft im Jahr 1874, und sein ältester Sohn Willie Jr. die von 1887 und 89. Außerdem war er der erste Professional, der 1896 ein Golf-Lehrbuch veröffentlichte; und sein 1920 erschienenes Buch „The Art of Putting“ ist bis heute eines der ganz wenigen über dieses Spezialthema.

Willie Park Jr., 1864–1925,
Meister des Jahres 1887.

In der Zeit des hektischen Golf-Booms zu Anfang dieses Jahrhunderts leistete die Familie Park einen ganz wesentlichen Beitrag zur weiteren Entwicklung. Willie Park Jr. war eine der großen Persönlichkeiten jener Tage als Spitzenspieler, führender Golfplatzarchitekt und Hersteller von Golfschlägern.

Die Morris-Familie
Old Tom Morris, Sohn eines Handwebers, ist zweifellos die herausragende Persönlichkeit in der Geschichte von St. Andrews. Er gewann den Meisterschaftsgürtel (Vorläufer der Offenen Meisterschaft) in den Jahren 1861, 62, 64 und 67; und sein Sohn, Tom Morris Jr., gewann den Gürtel endgültig, da er die Meisterschaft in drei aufeinanderfolgenden Jahren, 1868, 69 und 70, als Sieger beendete. Young Tom gewann auch 1872 die erste Offene Meisterschaft, starb jedoch nach dem tragischen Verlust seiner jungen Frau bereits im Jahr 1875, von vielen als bester Golfer seiner Zeit betrauert.

Old Tom wurde 1864 „Keeper of the Green“ in St. Andrews und eröffnete 1867 einen eigenen Betrieb zur Herstellung von Golfschlägern, der heute noch an seinem ursprünglichen Platz existiert.

„Young Tom“ und „Old Tom Morris“, wahrscheinlich aus dem Jahr 1873

Old Tom in späteren Jahren.

Der Katalog des Armee- und Marineladens aus dem Jahr 1900. Beachtlich ist, daß es damals noch Niblicks gab, die wie normale Eisen (track iron) geformt waren.

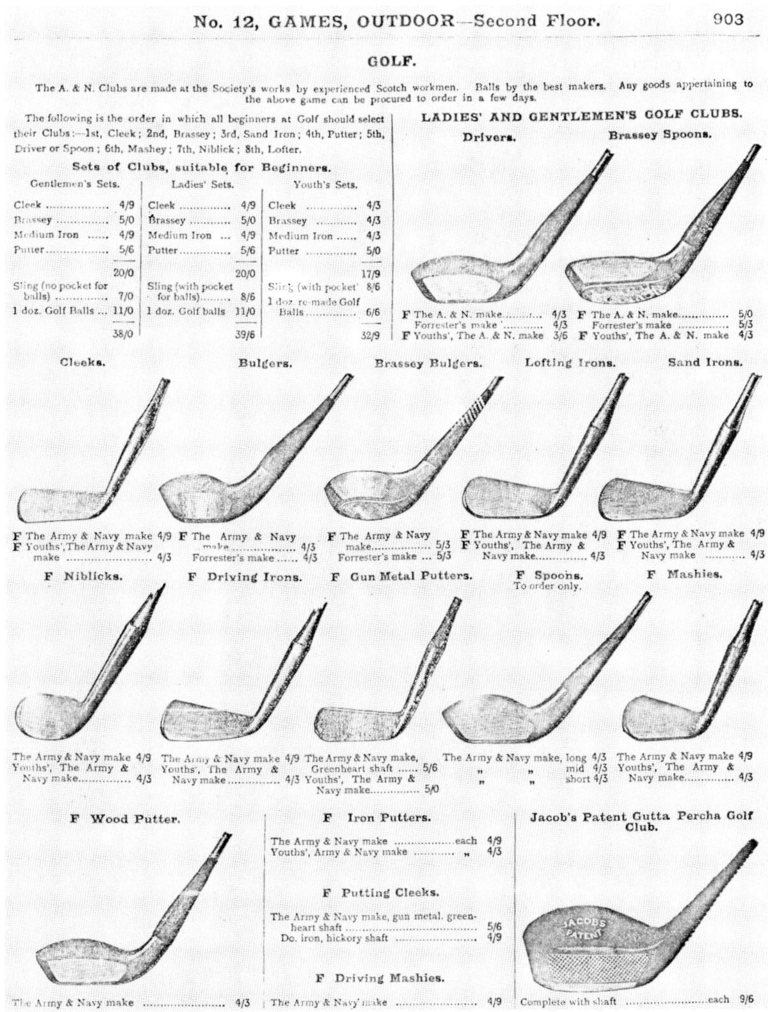

No. 12, GAMES, OUTDOOR—Second Floor. 903

GOLF.

The A. & N. Clubs are made at the Society's works by experienced Scotch workmen. Balls by the best makers. Any goods appertaining to the above game can be procured to order in a few days.

The following is the order in which all beginners at Golf should select their Clubs:—1st, Cleek; 2nd, Brassey; 3rd, Sand Iron; 4th, Putter; 5th, Driver or Spoon; 6th, Mashey; 7th, Niblick; 8th, Lofter.

Sets of Clubs, suitable for Beginners.

Gentlemen's Sets.		Ladies' Sets.		Youth's Sets.	
Cleek	4/9	Cleek	4/9	Cleek	4/3
Brassey	5/0	Brassey	5/0	Brassey	4/3
Medium Iron	4/9	Medium Iron	4/9	Medium Iron	4/3
Putter	5/6	Putter	5/6	Putter	5/0
	20/0		20/0		17/9
Sling (no pocket for balls)	7/0	Sling (with pocket for balls)	8/6	Sling (with pocket	8/6
1 doz. Golf Balls	11/0	1 doz. Golf balls	11/0	1 doz. re-made Golf Balls	6/6
	38/0		39/6		32/9

LADIES' AND GENTLEMEN'S GOLF CLUBS.

Drivers.

F The A. & N. make ... 4/3
Forrester's make ... 4/3
F Youths', The A. & N. make 3/6

Brassey Spoons.

F The A. & N. make ... 5/0
Forrester's make ... 5/3
F Youths', The A. & N. make 4/3

Cleeks.

F The Army & Navy make 4/9
F Youths', The Army & Navy make ... 4/3

Bulgers.

F The Army & Navy make ... 4/3
Forrester's make ... 4/3

Brassey Bulgers.

F The Army & Navy make ... 5/3
Forrester's make ... 5/3

Lofting Irons.

F The Army & Navy make 4/9
F Youths', The Army & Navy make ... 4/3

Sand Irons.

F The Army & Navy make 4/9
F Youths', The Army & Navy make ... 4/3

F Niblicks.

The Army & Navy make 4/9
Youths', The Army & Navy make ... 4/3

F Driving Irons.

The Army & Navy make 4/9
Youths', The Army & Navy make ... 4/3

F Gun Metal Putters.

The Army & Navy make, Greenheart shaft ... 5/6
Youths', The Army & Navy make ... 5/0

F Spoons.
To order only.

The Army & Navy make, long 4/3
" " mid 4/3
" " short 4/3

F Mashies.

The Army & Navy make 4/9
Youths', The Army & Navy make ... 4/3

F Wood Putter.

The Army & Navy make ... 4/3

F Iron Putters.

The Army & Navy make ... each 4/9
Youths', Army & Navy make ... " 4/3

F Putting Cleeks.

The Army & Navy make, gun metal, greenheart shaft ... 5/6
Do. iron, hickory shaft ... 4/9

F Driving Mashies.

The Army & Navy make ... 4/9

Jacob's Patent Gutta Percha Golf Club.

Complete with shaft ... each 9/6

Eine Anzeige aus dem Jahr 1910 von Charles Gibson aus Westward Ho! Geboren in Musselburgh und ausgebildet bei den Dunns, ging Gibson 1888 nach Westward Ho!

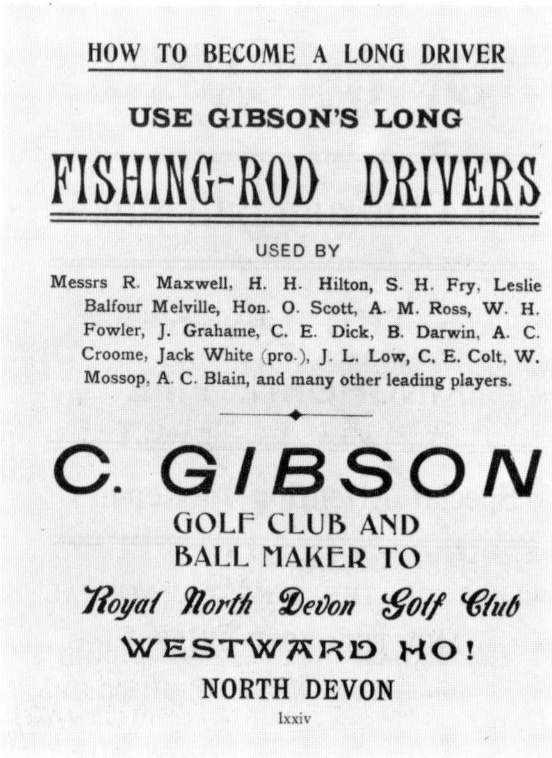

Ben Sayers in einem Bunker im Jahr 1895 (der Redan Bunker in North Berwick).

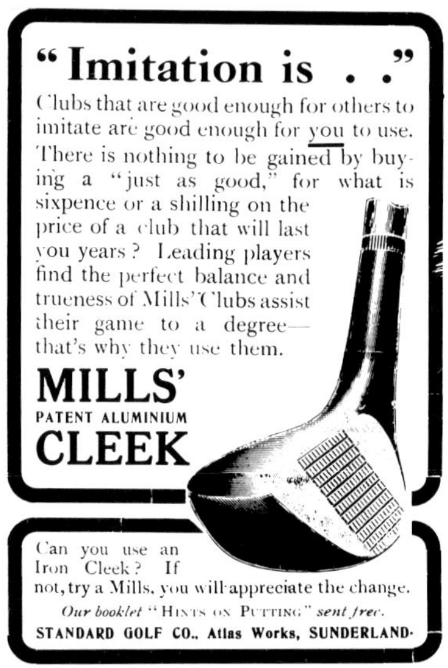

Anzeige für Mills Aluminium-Schläger der Standard Golf Co. in Sunderland. Sie stellten von 1896 bis Mitte 1930 Schläger her, vor allem Putter.

„Wee“ Ben Sayers und sein Sohn. Sayers (1857–1927) war ein kleiner Mann, ursprünglich als Zirkusakrobat ausgebildet. Nach dem Einlochen eines schwierigen Putts sah man ihn manchmal vor Begeisterung ein Rad schlagen.

Der Katalog von Slazenger & Sons aus dem Jahr 1904.

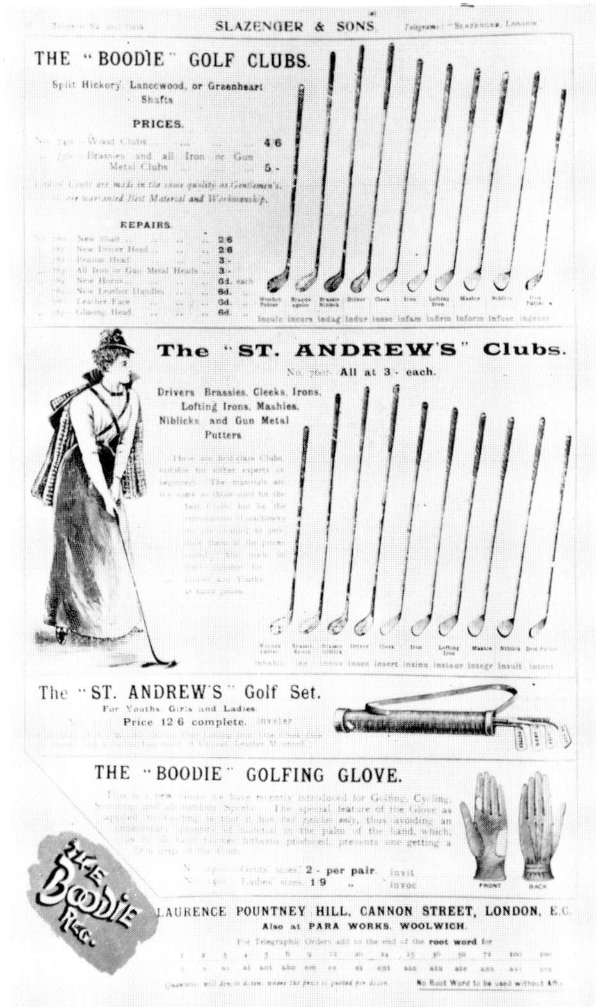

Holzschläger

Zu den Aufgaben des „Keeper of the Green“ gehörten traditionsgemäß auch Herstellung und Reparatur von Holzschlägern. Dabei konnte er auch Lehrlinge beschäftigen. Die Schläger wurden sowohl von Hand hergestellt als auch repariert. Mechanische Einrichtungen hierzu kamen erst in der Zeit von 1890–1900 auf. Die Schläger hatten alle einen individuellen Charakter, woraus sich erklärt, daß die Besitzer sie bei Beschädigungen lieber reparieren ließen als sie durch neue zu ersetzen. Die Relation zwischen den drei Bestandteilen des Schlägers – Griff, Schaft und Schlägerkopf – war ebenfalls individuell und ergab ein ganz bestimmtes Schwung- und Schlaggefühl, so daß der Besitzer seinen Schläger auch mit verbundenen Augen erkennen konnte.

„Alte Schläger“ im Besitz des Royal Troon Golfclubs. Bemerkenswert sind die abgeschnittenen Enden der Schlägerblätter bei den Eisen und die schmalen, flach auf dem Boden aufliegenden Schlägerköpfe der Hölzer. Viele Schläger dieser Sammlung haben keine Griffe.
Einer der Schläger trägt als Wappen eine Krone, einen Stern und auf der Unterseite eine Distel mit Initialen, die links ein I, J oder T und rechts ein C bedeuten könnten. Eine Interpretation dieser Initialen – wenn sie T. C. bedeuten – könnte dahingehen, daß diese Schläger von Thomas Comb gemacht wurden, dem Schlägermacher und gleichzeitigem Eigentümer der Golf Taverne in Bruntsfield, Edinburgh, in der Mitte des 18. Jahrhunderts. Sein Nachfolger als Schlägermacher war James McEwan, der auf seinen Schlägerköpfen ein ähnliches Distel-Zeichen anbrachte.

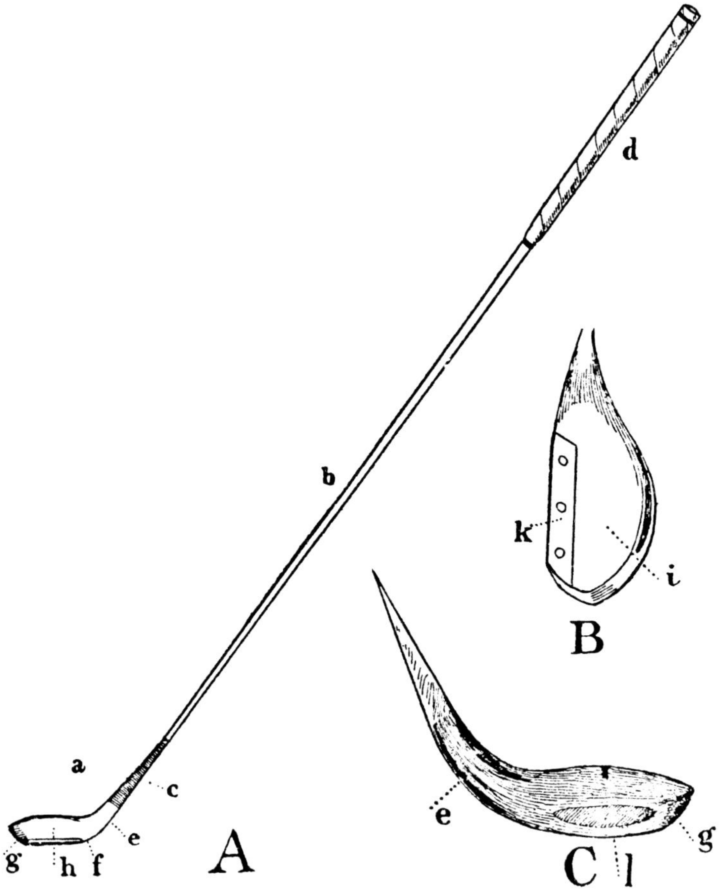

Abbildung 1 – ein Holzschläger

A, der ganze Schläger; B, die Sohle; C, Rückenansicht des Schlägerkopfes; a, der Schlägerkopf; b, der Schaft; c, der „scare", das heißt der Teil, an dem Schlägerkopf und Schaft fest miteinander verbunden sind; d, der Ledergriff; e, der Schlägerhals; f, der Absatz des Schlägerkopfes; g, die Spitze des Schlägerkopfes; h, die Schlagfläche; i, die Sohle; k, die Horneinlage; l, die Bleieinlage.

Zwei Holzschlägerköpfe mit „langen Nasen“ aus dem 19. Jahrhundert. Der rechte Schlägerkopf ist typisch für die erste, der linke für die zweite Hälfte des 19. Jahrhunderts.

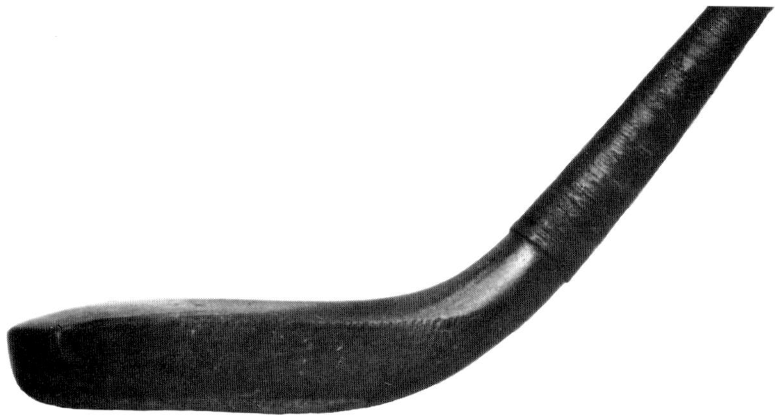

Ein von Hugh Philp in St. Andrews hergestellter Driver.

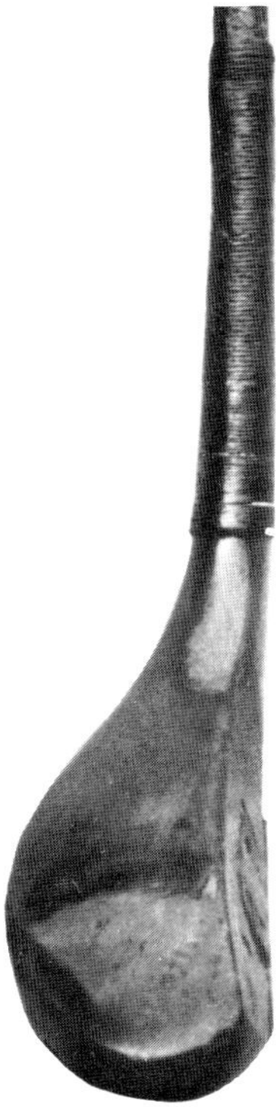

Der Kopf eines „Baffing Spoon“. Seine konkave Schlagfläche hatte einen starken Loft. Vor dem Aufkommen der Eisenschläger benutzte man ihn für Annäherungsschläge.

Zwei Ansichten des Schlägerkopfes eines Spoon von ca. 1865. Die Mitte der Schlagfläche wurde mit einer Ledereinlage repariert.

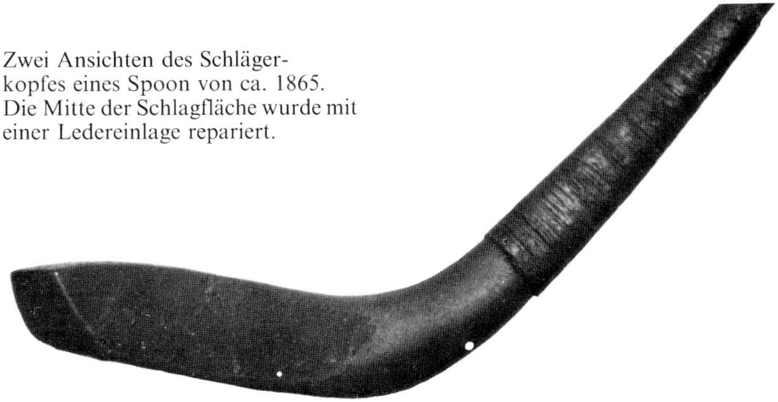

Ein Brassie von Harry Vardon, wahrscheinlich aus dem Jahr 1900. Der schmale Kopf ist typisch für die damalige Zeit, genau wie das ungewöhnlich lange und dünne Verbindungsstück. Der Schlägerkopf hatte eine Messingsohle – daher sein Name. An der Vorderkante ist unter der Messingsohle eine Horneinlage. Der Schläger war der Vorläufer des späteren Holz 2.

Zwei Ansichten eines „Bulger Drivers". Im Vergleich zu den Schlägern mit langen Nasen ist der Kopf hier kürzer und breiter. Die Schlagfläche ist tiefer und nicht konkav, sondern eher konvex geformt. Diese Modelle traten etwa um 1885 an die Stelle der langnasigen Schläger.

Ein Putter von H. Philp. Hugh Philp (1782–1856) war Schläger-macher-Meister in St. Andrews. Sein Neffe, Robert Forgan (1824–1900), trat in seinen Betrieb ein und übernahm ihn nach Philps Tod.

Der berühmte Amateur
George Glennie beim Putten in
Blackheath mit einem Putting-Cleek.
Auf der Abbildung aus dem Jahr
1885 erkennt man, daß das
Grün damals nur ein besonderes
Stück Fairway war. Schlägertaschen
gab es damals noch nicht. Die
Spieler trugen grundsätzlich
richtige Jacken.

Ein Holz-Putter von William Park Jr., so etwa um 1885.

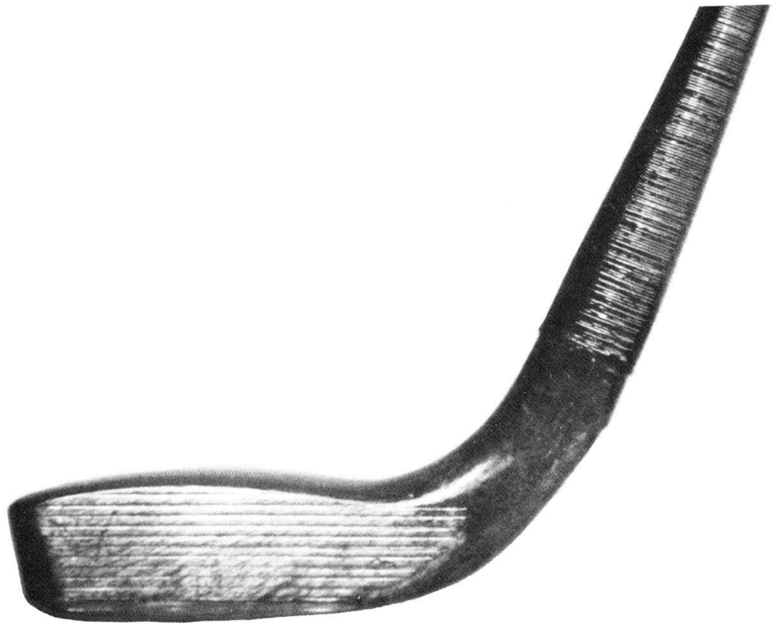

Ein Schläger mit besonders großem Kopf. Er liegt steiler als die übrigen Hölzer und hat weniger Loft. Der Schlägerhals ist in der Längsachse des Schlägerkopfes gebogen.

Eisenschläger und ihre Hersteller

Stempel auf den Cleeks verschiedener Hersteller, die allgemein „Cleek-Maker" genannt wurden. Sie machten die Schlägerblätter für die Eisenschläger. Geschäftet und fertiggestellt aber wurden sie von den etablierten Schlägermachern, die dann häufig ihren Namen auf der Rückseite des Schlägerblattes eingravierten.

Cleek Stempel auf Schlägerblättern

Auf diesem Bild erkennt man über der Pfeife des „Cleek-Makers", den Namen des Mannes, der den Schaft ansetzte, den Schläger fertigstellte und anschließend auch verkaufte.

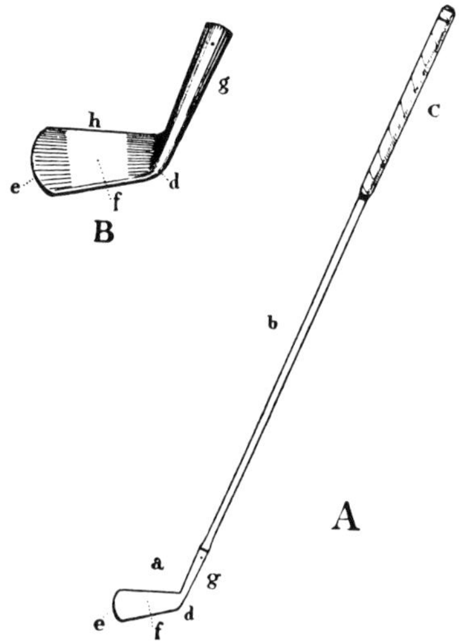

A. Eisenschläger mit Holzschaft

B. Schlägerblatt mit glatter Schlagfläche.

Ein Philp/Forgan-Putter. Er zeichnete sich durch ein besonders langes, dünnes und wie eine Zunge geformtes Verbindungsstück aus.

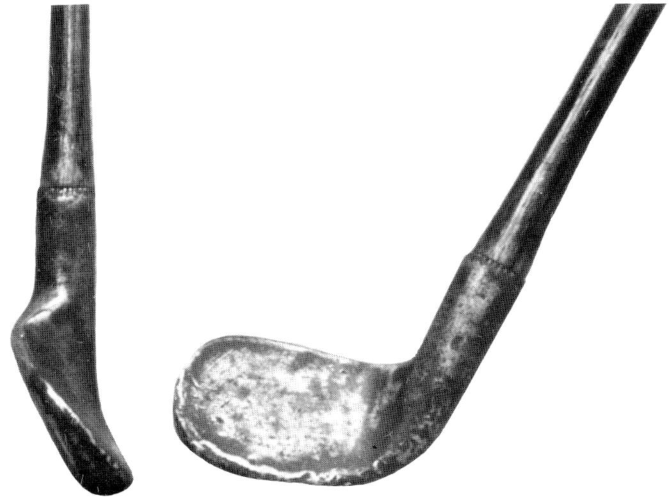

Das praktische kleine „Spuren-Eisen“. Mit dem kleinen Schlägerblatt konnte man den Ball aus Wagenspuren herausschlagen.

Eisenschläger vor 1830. Die Schlägerblätter waren geschmiedet, und man erkennt die Hammerspuren auf den löffelartigen Schlagflächen.

Ein „verzinnter“ Mashie. Die Auflage sollte als Rostschutz wirken.

Ansichten eines „Lofting Iron“, Vorläufer des Mashie, der seinerseits dem heutigen Eisen 5 entspricht – 1875.

Ansichten eines Cleek, des ersten Eisenschlägers mit geradem Schlägerblatt. Weiterentwickelt wurde er zum heutigen Eisen 1 oder 2.

Ein „Maxwell-Cleek“. Zur Reduzierung des Gewichts hatte man den Schlägerhals angebohrt.

Ein Mashie, wie er als Nachfolger des Lofting Iron 1881 auf den Markt kam.

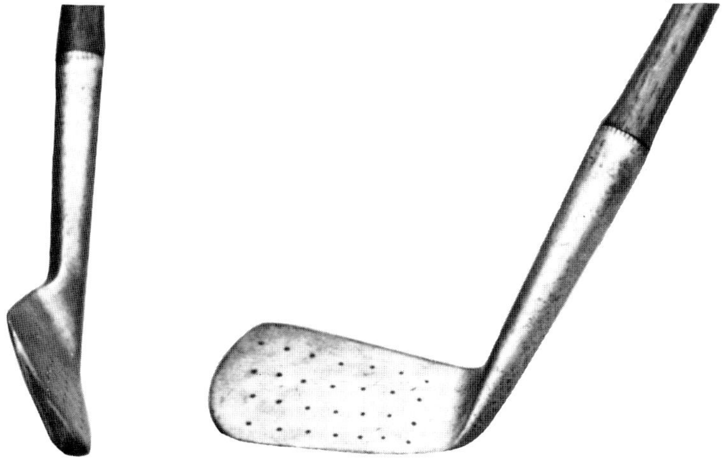

Ein „Fairlie Niblick“. Sein Schlägerblatt war vorgesetzt, der Hals aber nicht bis unten durchgeführt, womit man der Gefahr eines „Shank“ begegnen wollte.

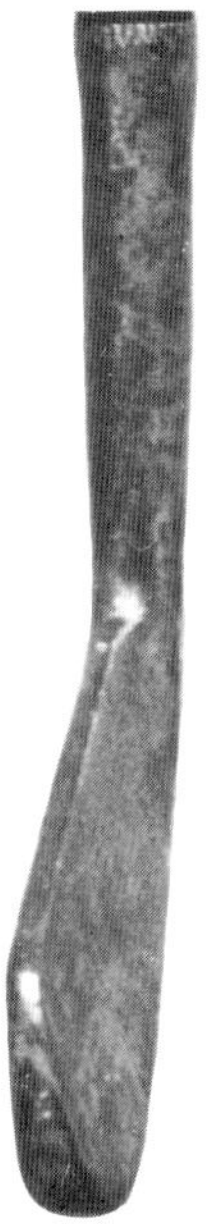

Ein Putting-Cleek. Sein langes, schmales, wie bei einem Cleek geformtes Schlägerblatt hatte weniger Loft als ein Cleek, aber mehr als ein Holz-Putter. A conto seines leichten Lofts war er auf rauhen Grüns sehr nützlich.

Ein Putter mit zurückgebogenem Hals von William Park aus dem Jahr 1910. Park war Erfinder dieses Putter-Typs, der bis auf den heutigen Tag produziert wird. Er hatte weniger Loft als der Putting-Cleek.

Ein „Wasser-Mashie". Die Schlitze im Schlägerblatt ließen Wasser oder auch Sand durch.

Verkaufskatalog mit einer Auswahl von Eisen, nach dem Prinzip des Wasser-Mashies hergestellt. Die vier Schläger am unteren Ende der linken und rechten Reihe nannte man „Harken-Niblicks"!

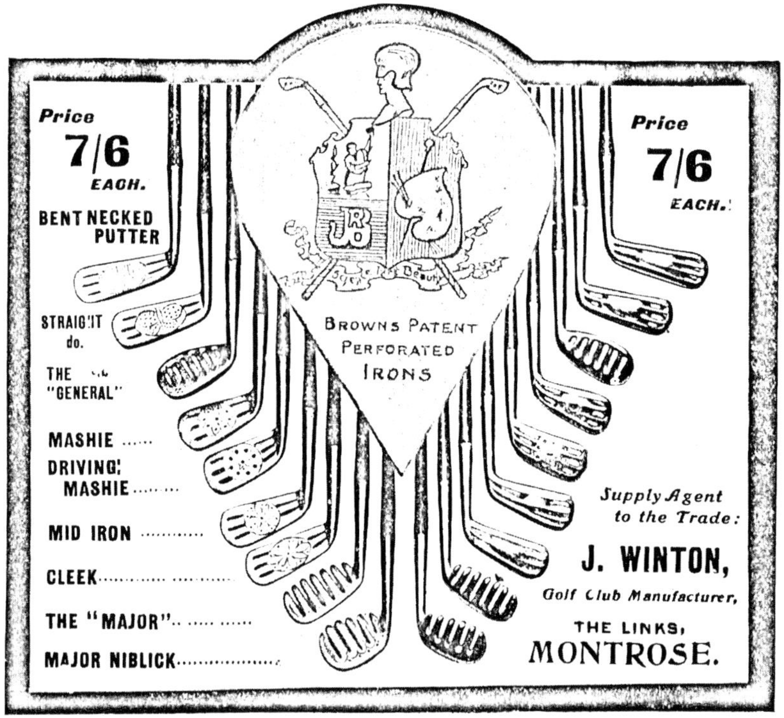

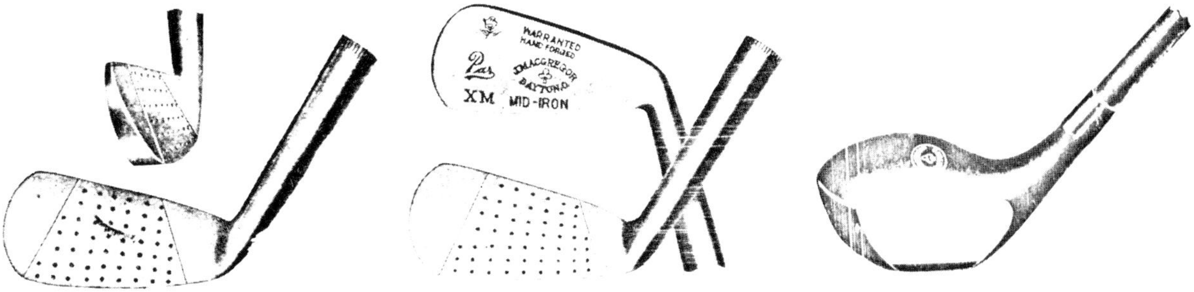

Garantiert handgeschmiedete Par-Eisen aus dem Katalog von Crawford, McGregor, Canby and Co aus den USA. Diese Firma war im Jahr 1896 einer der ersten Schlägermacher in den USA.

Schwungarten

Tom Morris zeigt hier den Schwung beim Schlagen eines Feathery-Balles. Der Abschwung ist gerade auf halbem Weg. Beachten Sie die flache Schwungebene des Schlägerkopfes und die Stellung des Spielers, weitab vom Ball. Die Fußstellung ist fast square (der Ball auf der Abbildung ist allerdings ein Gutty).

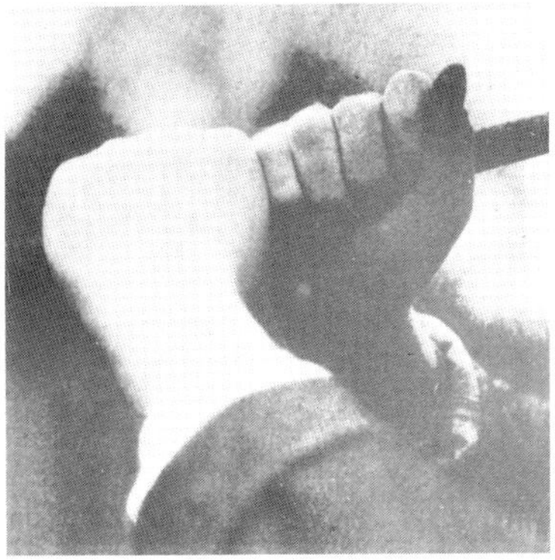

Der alte Handflächen-Griff. Der Schaft lag in den Handflächen und nicht wie heute in den Fingern. Man spielte mit diesem Griff bis 1875.

Zwei Abbildungen des alten St. Andrews Schwunges. Beide Ellbogen waren abgewinkelt, und der Schläger fiel im Rückschwung fast bis zum Hals des Spielers herunter.

Weitere Golfschwung-Studien: 2 und 3 der alte St. Andrews Schwung mit starker Körperdrehung.
1, 4, 5 und 6 zeigen weniger Körperdrehung. Der Schläger bleibt mehr in der Horizontale und ganz klar vom Hals des Spielers abgesetzt. Diese Schwungänderungen fielen zeitlich mit der Verbesserung der Golfbälle gegen Ende des 19. Jahrhunderts zusammen.

1

2

3

4

5

6

Verschiedene Arten zu putten

Harry Vardon und zwei Studien seines Schwunges. Beachten Sie den abgewinkelten linken Arm. Abbildung 6 auf der vorhergehenden Seite zeigt Vardon zu einem früheren Zeitpunkt.

Patente

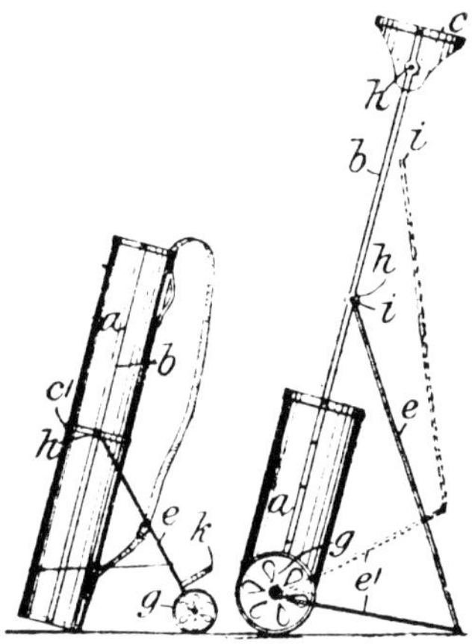

Der von Mr. Boehmer 1897 patentierte Golfwagen. Punch produzierte dann eine „verbesserte“ Version davon.

Mr. Punchs patentierter Caddie-Wagen.

Vor dem Jahr 1890 waren nur 14 Patente registriert, die irgend etwas mit Golf zu tun hatten. In den darauffolgenden zehn Jahren aber kam aus Amerika eine Flut neuer Ideen, die fast alle darauf abzielten, das Spiel zu erleichtern. Zu dieser Zeit gab es keine wie immer geartete Regelung bezüglich Größe und Gewicht der Bälle und bis 1908 auch keine Vorschriften über Art und Herstellung der Golfschläger. Erst 1922 kamen Bestimmungen in bezug auf die Golfbälle. Manche Idee, um die Jahrhundertwende konzipiert, wird erst heute verwirklicht.

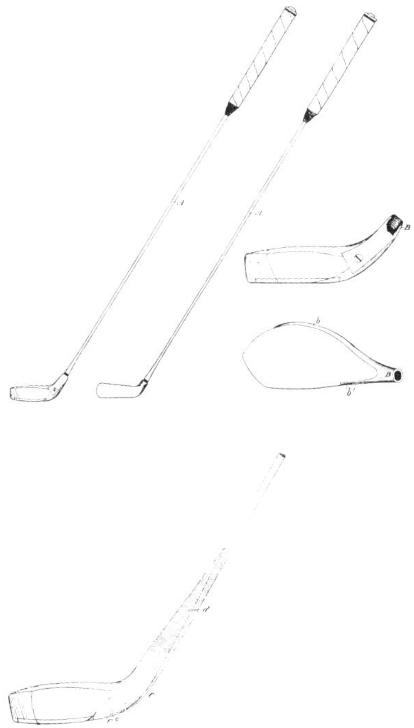

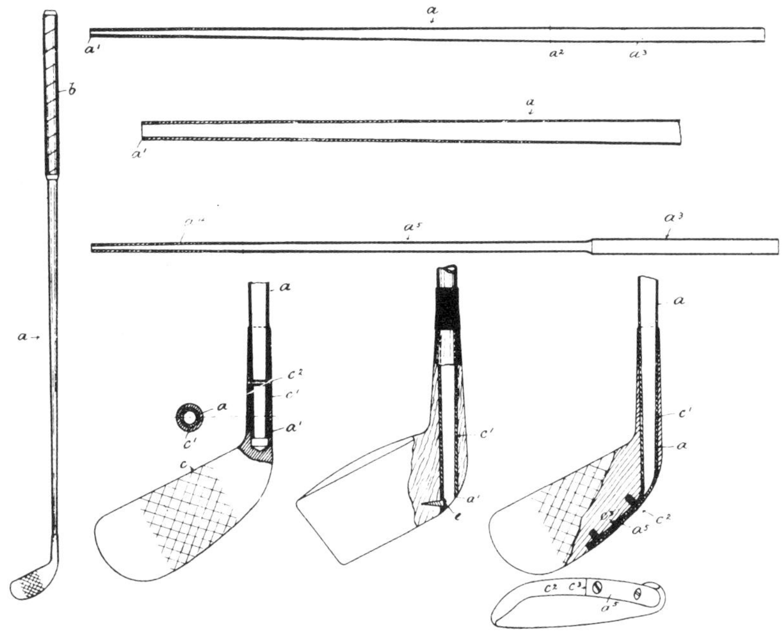

Stahlschäfte
Im Jahr 1894 meldete Mr. T. A. Horsburgh vom Baberton Club bei Edinburgh Golfschläger mit Stahlschäften zum Patent an. Die von ihm hergestellten Schläger bewährten sich, konnten die Schläger mit Hickoryschäften allerdings nicht aus dem Feld schlagen. Die Pros hielten die Stahlschäfte angeblich für lebensgefährlich.

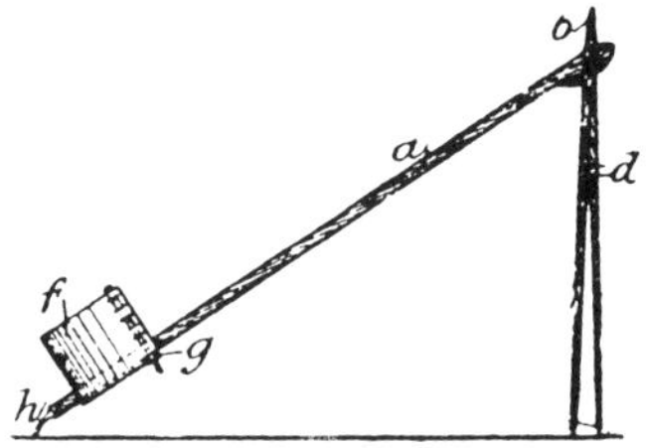

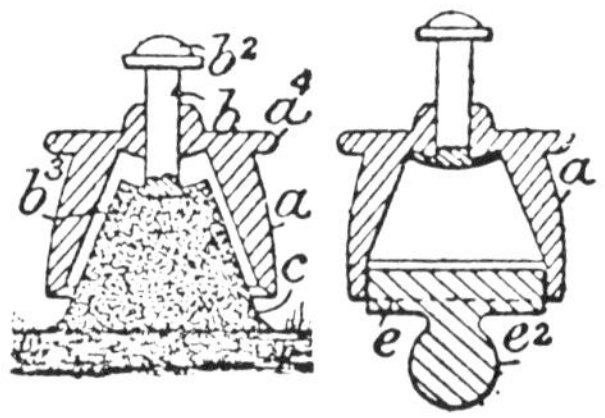

Oben: Eine Vorrichtung zum Halten der Schläger unter Zuhilfenahme eines Dreibeins, patentiert im Jahr 1889.
Mitte: Eine Vorrichtung zur Herstellung von Sand-Tees und ein Gummi-Tee, beide im Jahr 1889 zum Patent angemeldet.
Darunter: Form zur Herstellung von Tees, patentiert im Jahr 1885.
Unten: Gerät zum Aufheben von Bällen, patentiert im Jahr 1890.

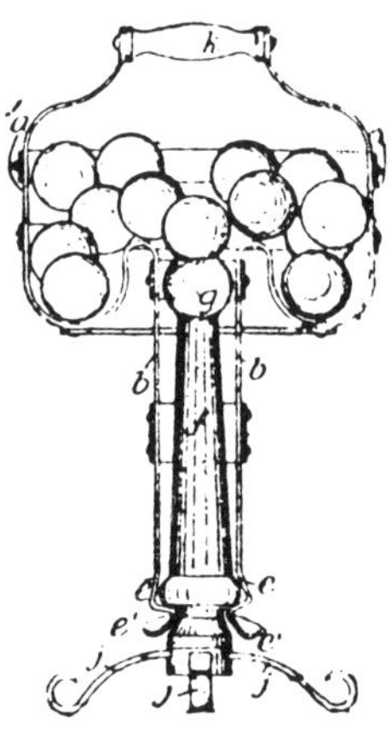

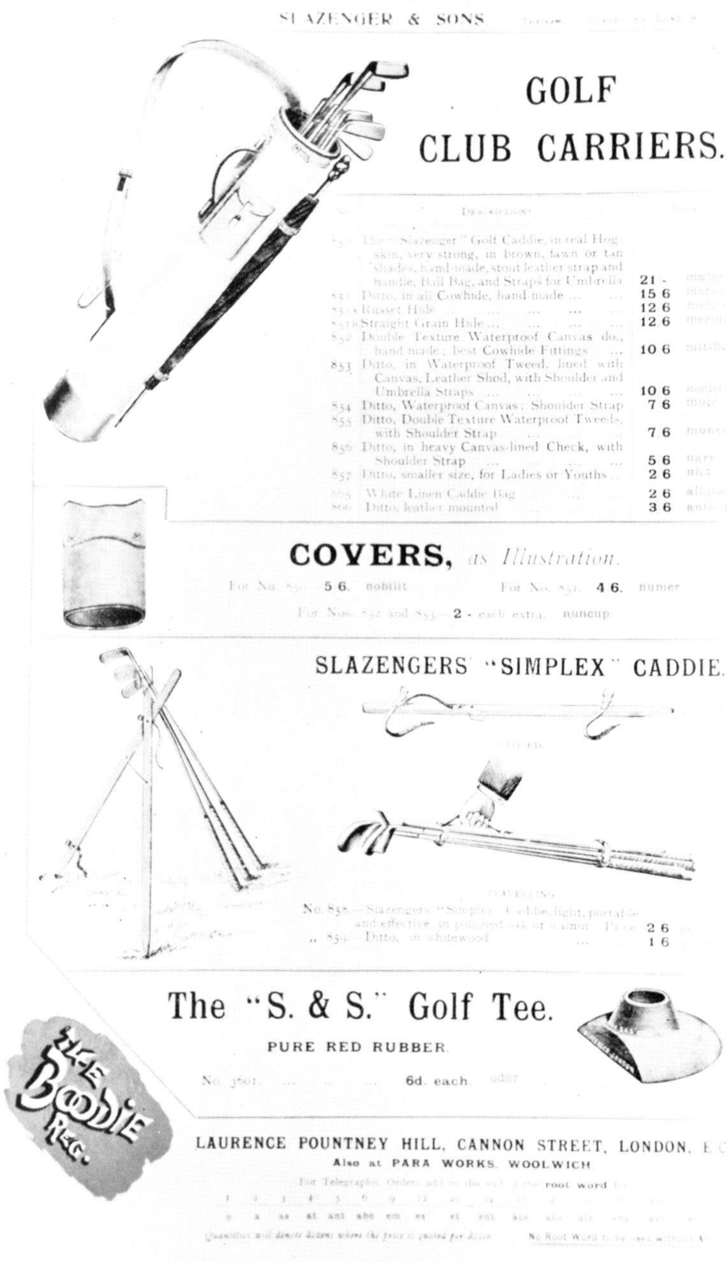

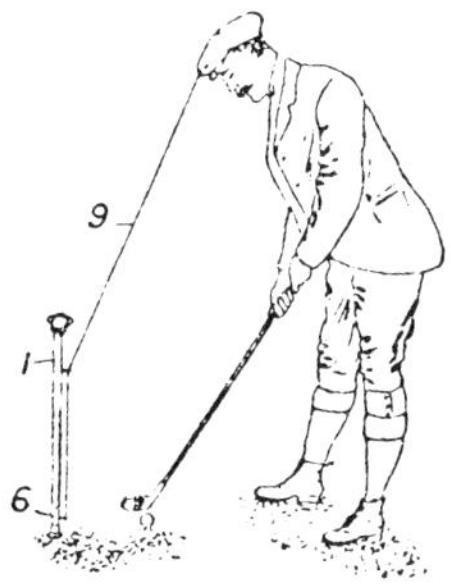

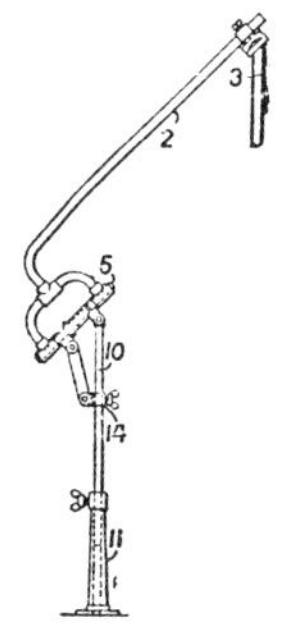

Einige großartige Ideen zur Erleichterung des Übens:

Oben: Ein Gerät zur Bestimmung der Kopfhaltung des Spielers beim Schlag. Das Band ist mit einem Ende am Kopf des Spielers befestigt, mit dem anderen an einem in einer Röhre gleitenden Gewicht.

Darunter: Ein Apparat zur Erkennung des korrekten Golfschwunges, exzellent dargestellt im Punch.

Golfmode

Englische Golfanzüge um 1875
Es gibt noch keine Golftaschen. Die Spieler tragen Jacken und Knickerbocker. Auf manchen Köpfen sieht man eine Baskenmütze, die dem Spiel angeblich ein gälisches Flair gab. Die Caddies gingen barfuß; im Gegensatz zu dem offenbar den besseren Kreisen angehörenden Kind auf dem unteren Bild.

Anzeigen für Golfkleidung aus den Jahren 1875 bis 1900

1. Jacke, Tweed-Hosen und eine Melone.

2. Der Tweed-Knickerbocker-Anzug.

3. Ähnliche Kleidung. Der Caddie scheint bei diesem Schlag in Gefahr zu sein.

4. Knickerbocker-Anzug.

5. Die „Norfolk-Jacke", ursprünglich für das Schießen entworfen, erlaubte eine freie Schulterdrehung.

Anzeige für ein „Damen-Golf-Kostüm" aus dem Jahr 1875. „Dress de rigueur" – für Golf kaum geeignet!

An windigen Tagen konnte man wegen des langen Rockes oft den Ball nicht sehen. Man trug also einen elastischen Gürtel um die Taille, der bei Bedarf bis zu den Knien heruntergezogen wurde und so ein Aufbauschen des Rockes im Wind verhinderte.

1911: Die Dame schwingt trotz des großen Hutes sehr gut. Man kann sogar ihre Knöchel erkennen.

1913: Miss Cecil Leitch trägt einen kürzeren Rock und Dackel-Deckchen über ihren Schuhen, dazu Hemd und Krawatte.

W. J. Travis aus den USA, Gewinner der englischen Amateurmeisterschaft 1904, beim Üben auf dem Grün mit einem „centre-shafted-Schenectady-Putter“. Das Modell wurde später verboten und blieb es für viele Jahre, außer in den USA.

1

2

3

1 und 2: Der Schwung von Lady Margaret Scott, die in den Jahren 1893, 94 und 95 die ersten drei Damenmeisterschaften gewann. Trotz des langen Rockes, der eingeschnürten Taille, der Puff-Ärmel und des kecken Strohhutes gelang es ihr, den Schläger weit zurückzuschwingen.

3: Ein späteres Schwungbild aus dem Jahr 1900, bei dem der Schläger nur bis in die Horizontale zurückgeschwungen wird.

4

4: Ein Bild von Lady Margaret Scott. Der aufgebauschte Rock wird ihren Schwung sicher nicht erleichtern.

Ein großes Wettspiel in St. Andrews
im Jahr 1850, nach einem
von Charles Lees, R. A., gemalten
Bild. Die Spieler tragen Röcke mit
Schwalbenschwanzschößen
und einige von ihnen einen Zylinder –
was der täglichen Kleidung
eines Landedelmannes entsprach.
Es gibt noch keine Golftaschen;
die Schläger werden vielmehr
lose unter dem Arm getragen.

Der Artisans' Golf Club, Northam, Devon, im Jahr 1888. Die Männer tragen die Alltagskleidung der Arbeiter: Stoffmütze, Jacken und Hosen aus Köper, keine Krawatten und offensichtlich Nagelstiefel („Tackety Boots"). Sie hatten keine Golftaschen, weil sie sich dieselben nicht leisten konnten, und auch nur wenige Schläger.

Ein für die Zeit um 1875 typischer junger Caddie. Er hat weder Schuhe noch Strümpfe und trägt wahrscheinlich die abgeschnittenen, abgelegten Hosen seines Herrn. Es gab noch keine Golftaschen; so daß die Schläger unter dem Arm oder über der Schulter getragen wurden. Es waren in der Mehrzahl Holzschläger.

Memorabilien

Teil einer Serie von Zigarettenbildern der Firma Cope Bros.

Alte Golfknöpfe. Sie sind ein attraktiver Teil der Golf Memorabilien, aus vielen Metallen gefertigt, Gold – Silber vergoldet – Silber – Bronze – Silber plated. Nur Clubmitglieder durften diese Knöpfe an ihrem Blazer tragen.

Vase mit Golfer, 20,5 cm hoch, Doulton.

Blaßgrüne Vase mit dunklem Aufdruck von C. Dana Gibson (1867–1944), dem amerikanischen Künstler, der die „Gibson Girls" der englischen Revue-Theater unsterblich machte. Das Bild trägt die Unterschrift „Braucht man wirklich einen Caddie?" Gefertigt in der Royal Doulton Manufaktur in England.

Zwei Teller mit Unterglas-Abbildungen von Golfern, gefertigt 1901 in der Minton-Manufaktur in England.

VIET ARTE

Links: Punch Bowle des Royal Blackheath Golfclubs aus dem 19. Jahrhundert und darunter: die Vergrößerung der Abbildung.

Tee-Dose aus einer kontinentaleuropäischen Manufaktur. Die Abbildung ist ein Teil des von Lemuel Francis Abbott (1760–1803) gemalten Portraits von William Innes und seinem Caddie – dem „Blackheath-Golfer“.

Rechts: Ein Portrait des Blackheath-Golfers William Innes (1721–95), ohne Zweifel das in aller Welt bekannteste Golf-Portrait überhaupt. 1778 von L. F. Abbott gemalt, soll es angeblich in einem Brand des Blackheath-Clubs gegen 1800 zerstört worden sein; obwohl wir heute wissen, daß es diesen Brand nie gegeben hat.
Auf der William Innes Erinnerungstafel in der St. Andrew's Undershaft Church, St. Mary Axe, London, ist verzeichnet, daß er keine Erben hatte. Eine neuere Überprüfung seines Testamentes enthüllte jedoch nicht nur, daß er außerordentlich reich war und 700000 Pfund hinterließ, sondern auch, daß er von Agnes Palmer einen natürlichen Sohn und vier Töchter hatte, für die er gut vorgesorgt hatte. Sein Enkel, Generalmajor Palmer (1807–92), zeichnete sich bei den Kämpfen in Indien aus.
In seinen „Indian Life Scetches“ gibt er an, im Besitz des Innes-Portraits gewesen zu sein, daß es aber bei einem Brand seines Hauses bei der Belagerung von Lucknow während des Indischen Aufstandes in der Nacht vom 30. Mai 1857 verbrannt sei und daß nur das Familiensilber gerettet werden konnte. Glücklicherweise war 1790 ein der Society of Golfers at Blackheath gewidmeter Stich angefertigt worden, von dem alle Nachdrucke bis auf den heutigen Tag abstammen.

Zwei von den vielen farbigen „Cartoons“, die im Auftrag der Firma Perrier zur Illustration der Golfregeln hergestellt wurden. Die Abdrucke wurden zu Werbezwecken für das Mineralwasser verwandt, und da Perrier ein französisches Unternehmen ist, waren die Regeltexte auf einigen Cartoons in Französisch und Englisch.

Zwei Lithographien aus der Serie „Die sieben Alter eines Golfers“ von John Hassall (1868–1948) – eine Shakespeare-Parodie.

Links: Kindergolftasche aus Leder mit sechs Schlägern (Länge der Tasche 72,5 cm)

Mitte: Kindergolftasche mit drei Schlägern, hergestellt von Burke of Newark, New Jersey, USA, und komplett mit Golfbällen in halber Größe angeboten.

Rechts: Golftasche und Schläger aus dem Puppenhaus der Königin in Schloß Windsor. Die Schläger sind etwa 7,5 cm lang.

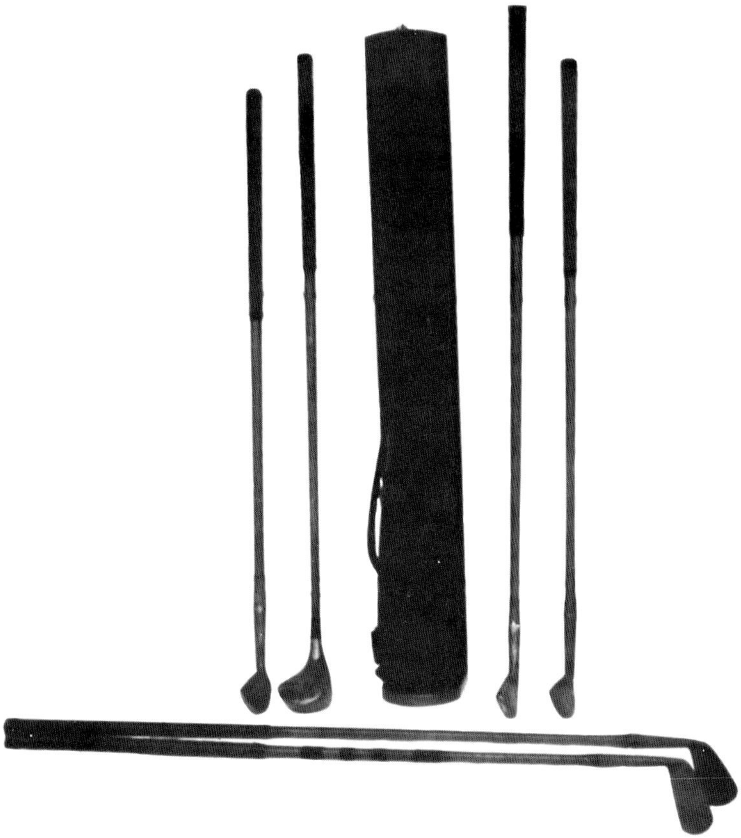

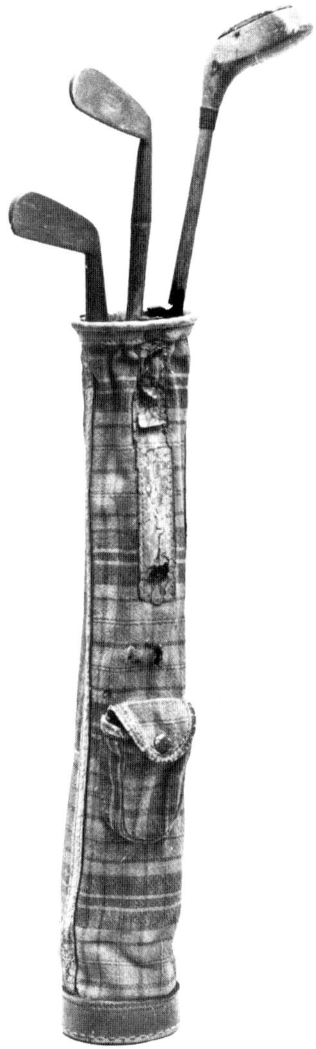

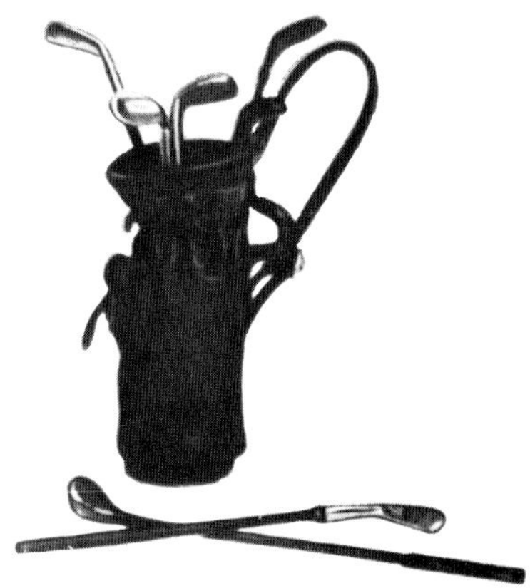

Links: Die Holzschläger aus der Golftasche des Puppenhauses der Königin in der Hand des Herstellers, Charles Gibson aus Westward Ho!

Rechts: Drei von W. H. Way, einem Lehrling von Charles Gibson, hergestellten Miniaturschlägern. Way wanderte später in die USA aus und wurde Präsident der USPGA (United States Professional Golfers Association).

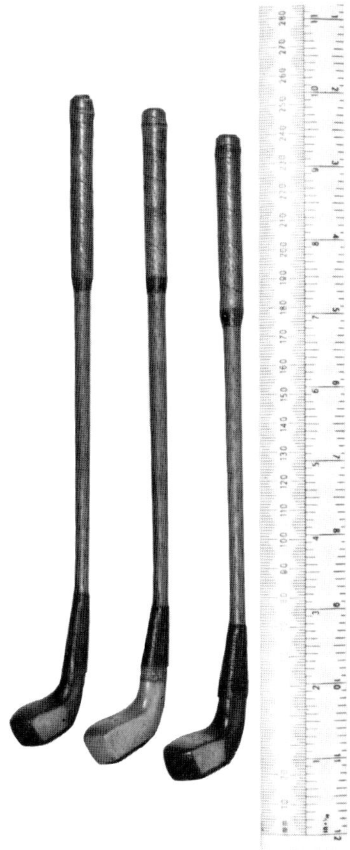

William M. Goddard, eine Person aus dem Bild von Charles Lees „The Golfers, A Grand Match Played Over St. Andrews Links“.